〔第二版〕

マクロ経済学

――ケインズ経済学としてのマクロ経済学――

大矢野栄次 著

五絃舎

はしがき

　本書は，マクロ経済学の入門書である。現代経済学には経済理論の基礎として，「微視的経済学」と訳される「ミクロ経済学」と「巨視的経済学」と訳される「マクロ経済学」の2つの分野がある。現代経済学の入門として重要なこの2つの分野について五絃舎から姉妹編として「ミクロ経済学」と「マクロ経済学」を出版する。

《ケインズ的マクロ経済学》

　本書の「マクロ経済学」の副題は「ケインズ経済学としてのマクロ経済学」である。J.M. ケインズは『雇用・利子および貨幣の一般理論』(The General Theory of Employment, Interest Money) を世に問うことによって「有効需要の理論」を展開し，資本主義経済における「市場の失敗」を論じて，「経済学の革命」の必要性を唱えた。

　ケインズ以前の古典派経済学は，ワルラス経済学的な価格調整メカニズムとマーシャル経済学的な数量調整メカニズムを通じて，市場は自動的に均衡に収斂すると説明する。ここで，市場均衡とは，消費者余剰と生産者余剰の緩和である社会的余剰の最大化が実現すると説明される均衡点である。

　古典派経済学は，資本主義経済において「絶対多数の絶対幸福」を「自動的に達成する」メカニズムが市場経済に内包されると説明するのである。もし，そのような理想的な市場均衡に経済が達成することがないならば，それは市場原理の有効性を阻害する要因が存在するからであり，それらの要因を種々の経済政策によって除去することによって経済は市場均衡に自動的に到達することが可能であると説明したのである。

　しかし，外部経済性の存在や公共財の存在によって，経済が自動的に市場均

衡に到達することを阻止する「市場の失敗」が生ずる場合には政府の存在によってこれを解決することが可能であると考えるのである。その場合には「小さな政府」の存在によって「市場原理の有効性」が保証されるのである。

しかし，この「市場の失敗」が存在するもとでの一般均衡状態とは「セカンド・ベスト」の状態であるという意味であり，市場原理によって自動的に達成されるとした「絶対多数の絶対幸福」の状態では決してないのである。

それ以上に政府の消極的・受動的な経済への関わりあいは，実際の経済が「達成しうる均衡」から次第に乖離することを放任する可能性さえもあるのである。ここに実際の経済に政府が「積極的に関わる」ための経済政策の哲学が必要となるのである。

《市場の失敗とケインズ革命》

ケインズの「有効需要の理論」は，上で説明した「市場の失敗」とは別の意味である有効需要の不足によって生ずる「市場の失敗」を説明するものである。それ故に，経済の不安定は「政府の過誤」によるものではなく，政府は「夜警国家論」にもとづいた「小さな政府」ではなく，経済が不況の状態においては，赤字財政等によって積極的な財政政策を行って社会資本の形成等によって，長期的な経済政策を考えるべきであるというケインズ的「有効需要政策」の必要性が唱えられることになるのである。

また，「流動性選好の理論」は，「古典派の二分法」と「貨幣ベール観」を否定するものであり，実際の経済において「貨幣の中立性」は成立せず，通貨当局は経済の安定に責任があることが説明されるのである。

《本書の目的》

本書の目的は，「市場原理至上主義とその限界」についての問題を解決するために本来のケインズ的なマクロ経済学の意味を再検討することである。

最初に，本来のケインズ経済学について説明し，今日の主流派である現代マクロ経済とオリジナルのケインズ経済学との異質性について説明する。

はしがき　v

　市場原理の有効性に疑問を投げかけて産まれた「ケインズ革命」は，現実の経済状態において，有効需要が不足すること，すなわち，ケインズの意味での「市場の失敗」を説明したのである。これが「ケインズ経済学」であり，その解決策の提示が「ケインズ政策」である。

　この「ケインズ経済学」は市場の失敗を指摘したという意味で経済学の革命であった。これは古典派経済学に対する批判であり[1]，今日の新古典派経済学の「市場原理の有効性」に対する革命であった。

　それにもかかわらず，戦後の西側先進工業諸国の経済成長と経済発展の成果を背景として，ケインズ経済学は新古典派綜合として「新しい経済学」の中に取り込まれてしまったのである。そこには市場の有効性を前提としたワルラス経済学的なマクロ・モデルの中に労働市場だけが取り残された「疑似有効需要の理論」が付加的に備えられたモデルとなってしまったのである[2]。

　「有効需要の理論」をあらためて「市場の失敗」の理論として認識し，新古典派経済学としての一般均衡状態ではない別の「一般理論」としての「ケインズ均衡」に向かって経済はケインズ的均衡状態にあるモデルとしての「ケインズ的マクロ経済学」の再構築が必要なのである。

　五絃舎の長谷雅春氏には出版の企画から校正，発行に至るまで大変お世話になった。

　令和元年5月1日

久留米大学教授　大矢野栄次

---

[1]　ここで批判の対象とされるべき古典派経済学者の1人は，かつて『貨幣論』を著したケインズ自身であることが重要である。
[2]　しかし，実際には有効需要の理論ではなく，貨幣賃金率の下方硬直性によって生ずる失業であって，有効需要の不足によって生ずる失業ではないことにマクロ経済学モデルとしての問題があるのである。

目　次

はしがき

序　章　ケインズ経済学とケインズ政策 ——————————— 1

1. ケインズ革命以前の古典派経済学 ————————————— 1
2. ケインズ経済学とケインズ政策 —————————————— 5
3. 1930 年代の大恐慌 ——————————————————— 17

第 1 章　国民所得概念 ———————————————— 23

1. 経済循環と三面等価 —————————————————— 23
2. 産業連関表と国民所得 ————————————————— 27
3. マクロ変数の指数と指数化——ラスパイレス指数とパーシェ指数—— 31

第 2 章　国民所得決定と乗数理論 —————————— 39

1. ケインズ経済学と現代マクロ経済学 ——————————— 39
2. 総需要の構成要素 ——————————————————— 41
3. 国民所得の決定 ———————————————————— 44
4. 乗　　数 —————————————————————— 48

第 3 章　消費関数論争 ——————————————— 59

1. ケインズの消費関数 —————————————————— 59
2. 観察された事実 ———————————————————— 63
3. 相対所得仮説 ————————————————————— 68

4. 流動資産化説 ———————————————————————— 70

5. 異時点間の消費計画と貯蓄計画 ———————————————— 71

6. ライフサイクル仮説（Life-Sycle Hypothesis）—————————— 75

7. 恒常所得仮説 ———————————————————————— 77

8. 消費関数論争とケインズの消費関数 ——————————————— 79

第4章　投資関数と *IS* 曲線 —————————————————— 81

1. 投資関数 ————————————————————————— 81

2. *IS* 曲線の導出 ————————————————————————— 85

第5章　社会資本と財政政策 ———————————————— 91

1. 政府の機能としての社会資本 —————————————————— 91

2. 公共事業の経済効果 ————————————————————— 93

3. 公共事業の経済効果と財政乗数 ————————————————— 96

4. フィスカル・ポリシー ————————————————————— 99

5. 租税制度とビルトイン・スタビライザー ————————————— 100

第6章　貨幣と金融システム ———————————————— 103

1. 貨　　幣 ————————————————————————— 103

2. 金融仲介機関と貯蓄移転 ——————————————————— 107

第7章　貨幣数量説とインフレーション ———————————— 111

1. 貨幣数量説——古典派経済学の貨幣論———————————— 111

2. 反ケインズ革命とマネタリスト ————————————————— 115

3. インフレーションと貨幣政策 —————————————————— 118

4. マネタリズムと自然失業率仮説 ————————————————— 125

目　次　ix

第 8 章　流動性選好理論と金融政策 ————————— 135
1.　流動性選好の理論 ————————————— 135
2.　貨幣供給量のコントロール ————————— 142
3.　金融政策の方法 ————————————— 150
4.　財政政策と金融政策 ————————————— 154
5.　金融政策の効果 ————————————— 156

第 9 章　*IS・LM* モデルと財政金融政策 ————————— 157
1.　*IS・LM* モデル ————————————— 157
2.　比較静学分析とマクロ経済政策の効果 —————167

第 10 章　ケインズ経済学再入門 ————————————175
1.　「有効需要政策」についての誤解 ——————176
2.　集計の誤謬（パラドックス）————————178

終　章　日本経済の歴史とマクロ経済 ————————— 191
1.　戦前の日本経済 ————————————— 191
2.　戦後の日本経済 ————————————— 192
3.　バブル発生のシナリオ ————————————— 194

索　引 —————————————————————201

.

序　章

ケインズ経済学とケインズ政策

1.　ケインズ革命以前の古典派経済学

　ケインズ革命（Keynesian Revolution）以前の**古典派経済学**（Classical Economics）とケインズ革命以後の現代経済学（新古典派マクロ経済学）と比較すると次の2つの側面で大きく異なっている。

　1つは，古典派経済学においては，生産部門を消費財生産部門と生産財生産部門の2つの部門に分けて考えるということである。この考え方はケインズ経済学においても受け継がれており，それぞれの変数は全て賃金財単位の経済量として定義される。

　すなわち，平均的労働者家族の1年間の生活に必要な単位を賃金財単位Wとして定義し，消費財支出額をC_W，投資財支出額をI_W，総供給関数の総供給額をZ_Wのように定義し，有効需要額は総供給曲線と総需要曲線が交叉する点における総需要総額D_Wとして定義されるのである。

　この有効需要の大きさが雇用量を決定するというのがケインズの雇用の理論である。しかし，それ以後のヒックス（J.R.Hicks）やハンセン（B.Hansen）はこのような概念を引き継ぐことは無かったのである。それ故に現代マクロ経済学においては投資財産業と消費財産業との相違及びそのウェイトの変化については分析されることがないのである[1]。

　また，1つは，古典派経済学においては，それぞれの財・サービス市場にお

---

[1]　このことは景気変動論において投資財産業の動向が果たす需要の役割を見失うことになったのである。

ける超過需要や超過供給の状態を反映して市場価格が速やかに調整することによって需給均衡状態が達成されるという意味で「市場原理」が機能する経済を前提とした経済学であった。すなわち，市場原理によって経済は常に均衡状態に向かって調整されると考える経済学が古典派経済学であった。

しかし，現代マクロ経済学においては，現代経済においては産業間の格差はあるものの独占状態への進行が速いので，このような価格調整過程（ワルラス的調整過程）は緩やかに生じるのであり，目前では数量調整過程（マーシャル的調整過程）が顕著に表れるという考え方が主流である。すなわち，この数量調整過程をケインズ的な数量調整過程と考えたのである。

このような価格調整過程における市場原理が有効に機能する世界においては，それぞれの財・サービス市場における調整メカニズムと同様に経済全体の生産活動水準や雇用水準の決定についても，市場の価格調整メカニズムによる自動的調整機能が有効であると考えられて来たのである。

もしある経済において失業状態が存在するならば，失業者からの競争圧力によって賃金率が低下するはずであるから，賃金率の低下によって労働需要を増

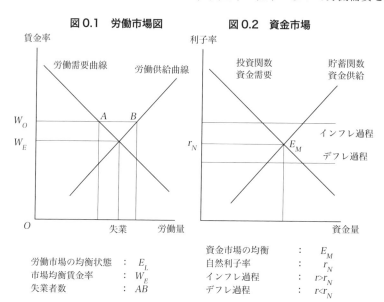

加させ労働市場において需給均衡状態が自動的に成立するのである。すなわち，完全雇用状態が実現され均衡実質賃金率が決定されるという考え方である。

　実際の経済においてこのような市場調整メカニズムが機能しないならば，それは失業の存在にもかかわらず賃金率が伸縮的に変化しないことが原因であり，失業の存在（図 0.1 の AB の幅が失業の大きさを表している）の原因は**賃金の下方硬直性**（downward rigidity of wages）（図 0.1 の W_o）に帰せられるべきものであると考えられていたことになるのである。

　古典派経済学においては，完全雇用所得に対応した意図された貯蓄額に等しい意図された投資額が市場利子率の調整を通じて誘発され，投資と消費の合計額である総需要は，完全雇用における総産出額に常に一致するという**「セー法則」**（Say's law）が前提とされていると考えることができる。

《J.B.Say のセー法則》

　貨幣は単なる交換手段であり，生産物の販売はそれと同時に生産物の購買であるから，生産物の総供給と総需要は恒等的に等しいという命題を「セー法則」，あるいは，「販路法則」と呼ばれるものである。D. リカードはこの「セーの法則」に基づいて一般的過剰生産は存在しないことを主張し，一般的過剰生産の可能性を主張した T.R. マルサスと対立した。恐慌の必然性を主張した K. マルクスもセーの法則を批判した。

　J.M. ケインズ以後はセーの法則は生産物の総需要額と総供給額が市場価格の調整によって均等化されることを意味すると解釈されている。ケインズはこの法則を「供給はそれみずからの需要を生み出す」と表現し，セーの法則に明示的あるいは暗黙的に基づく D. リカードや A. マーシャルの経済学を「古典派」経済学と呼んで，有効需要の不足により不完全雇用が生じる可能性を指摘したケインズの経済学と区別したのである。

　この「セー法則」が成立する世界では，貯蓄額と投資額を均等化させる「自然利子率」（natural rate of interest ; r_n）が成立しさえすれば，経済の有効需要は貯蓄率の高低に対応して投資と消費の割合を変更するだけであって総額にお

いて超過需要や超過供給が生ずることは有り得ないのである。図0.2において点 E_M は資金需要曲線と資金供給曲線の交点であるから資金市場の均衡点であり利子率は自然利子率で決定されると考えられるのである。

古典派経済学においては，貯蓄と投資との関係自体に景気変動やインフレーションの原因が内在しているのではなく，むしろ貨幣制度の欠陥や金融政策の不手際により市場調整メカニズムが疎外されて発生すると考えられていたのである。

すなわち，現実の貸付資金市場においては，銀行組織の信用創造によって自然利子率とは異なった市場利子率が成立させられることになるのである。市場利子率 (r) が自然利子率 (r_n) を超えれば $(r > r_n)$ インフレーションが発生し，市場利子率 (r) が自然利子率 (r_n) を下回れば $(r < r_n)$ デフレーションが発生することになる。経済不安定の原因は貨幣の**「中立性」**(neutrality) を攪乱する金融当局の過誤に帰せられるべきものであると考えられたのである。

以上のような考え方から，古典派経済学の政策的含蓄は，①労働市場における伸縮的賃金制度が必要であり，②金融市場においては「中立的」貨幣政策が金融政策の中心であることが理解される。そのためには，労働組合やその他の独占や銀行等の金融機関が市場原理の有効性を疎外することを避けることが重要であるということであった。

《古典派経済学的なワークシェアリング》

今日の日本経済における5％を超える失業の時代に**「ワークシェアリング」**による完全雇用政策を提唱する人の頭の中にあるだろうと想像される無意識の経済理論は，賃金率を下げることによって雇用を拡大することを提案した古典派経済学的な経済政策論である。これは，失業の本来の原因である「有効需要の不足」を解決しないままで，雇用を拡大することを提案する，ケインズ革命以前の古典派経済学と同様の理論・政策であり，不況の本質的原因を解決することはできないのである[2]。

---

[2]　不況を解決するためには，ケインズ的な有効需要政策が必要なのである。

序　章　ケインズ経済学とケインズ政策　5

「ワークシェアリング」はマクロ経済学的には若年労働者の社会現象である
フリーター労働者や非正規社員の増加によって既に促進されており，ミクロ経
済学的には構造的不況産業内においてはそれぞれの「ワークシェアリング」が
進められているのである[3]。

　今日の日本経済に提案されるべき経済政策は，若年労働者の労働意欲や技術・
技能の取得あるいは社会参加の意欲と意識についての改革が必要なのである。
また，失業の原因が産業構造の変革に後れをとった構造的不況業種における摩
擦的失業である場合には産業構造政策を採用すべきなのである。あるいは，日
本経済における失業の原因が有効需要の不足によって発生しているケインズ的
な非自発的失業の場合は産業構造の変革や公共事業等による有効需要拡大政策
が必要である。

2．ケインズ経済学とケインズ政策

2.1　有効需要の理論

　J.M. ケインズ（John Maynard Keynes）の『雇用・利子および貨幣の一般理
論』（*The General Theory of Employment, Interest and Money*；以下では『一般
理論』と呼ぶ）の第 3 章「有効需要」において，ケインズは，有効需要（effective
demand）の大きさは，市場の状態，産業の状態などが一定不変のもとで，また，
生産技術，資源，費用条件および雇用 1 単位当たりの要素費用が一定の状態にお
いて，「総供給関数と総需要関数とが交叉する点において決定される。なぜならば，
この点において企業者の期待利潤が最大となるからである」と説明している。

　図 0.3 のように，「総需要関数と総供給関数とが交叉する点」における「総
需要の値」をケインズは**「有効需要」**（effective demand）と呼び，この有
効需要の大きさによって経済全体の雇用量が決定され，**「失業を含む均衡」**
（underemploy-ment equilibrium）が成立することを説明したのである。す
なわち，ケインズは実質賃金率や貨幣賃金率が調整されることによって，労働

---
[3]　この非正規社員労働者の増加は，社会を蝕む問題である。

市場において均衡状態が達成され,完全雇用状態が自動的に達成されるという古典派経済学的な考え方を否定したのである。

図0.3の点Eが有効需要点であり,このE点における総需要関数の値が有効需要の大きさを表しているのである。有効需要の値を両関数の交点であるからどちらも同じ値をとるにもかかわらず,ケインズはあえて総供給関数の値ではなく総需要関数の値,すなわち,Dの値として定義していることに注意しなければならない[4]。それは総需要関数が安定的な関数であると想定されているのに対して,総供給関数は資本設備の稼働率や在庫調整の有無等の不確実性のある要素によって構成されているために不安定的であると考えられるからである。

図0.3 有効需要の理論と有効需要政策

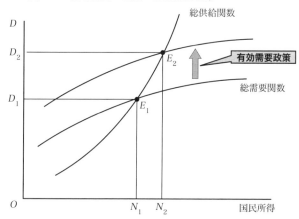

この**有効需要点**においてそれぞれの「企業者の期待利潤が最大」であり,有効需要の大きさは企業者の合理的行動の結果としての雇用量に基づく供給額の集計値であることから,この有効需要点は実現することが説明されるのである。すなわち,「有効需要の理論」によって非自発的失業の状態のままでマクロ経済は均衡することが説明されるのである。

---

[4] ケインズ経済学における短期均衡概念と新古典派経済学における短期市場均衡概念とは異質の定義である。それ故に,「有効需要の値」はそれぞれ等しい値として定義されるはずの「総供給の値」ではなく「総需要の値」として説明されることに十分に意味があるのである。

序　章　ケインズ経済学とケインズ政策　7

また，有効需要の値はその大きさと等しいはずの「総供給の値」としてではなく安定的な値としての「総需要の値」であると定義されているのである[5]。

2.1.1　総供給関数

「総需要関数」と「総供給関数」とはそれぞれ次のように説明される。

ここで，総供給関数と総需要関数については，ケインズは『一般理論』において，次のように定義している。「いま，N 人を雇用することから生ずる産出物の総供給価格を Z とすれば，Z と N との間の関係は，$Z = \phi$ (N)，と書かれ，それを総供給関数と呼ぶことができる。同じように，企業者が N 人の雇用から受け取ることができると期待する売上金額を D とすれば，D と N との間の関係は，$D = f$ (N)，と書かれ，それを総需要関数と呼ぶことができる」（J.M. ケインズ著『雇用・利子および貨幣の一般理論』，pp.25-26）のである。

J.M. ケインズは**総供給関数（Aggregate Supply Function）**について次のような関係を想定する。

それぞれの企業は生産・販売活動において，要素費用と使用者費用の二種類の費用を支払わなければならない。要素費用とは生産要素に対して当期の対価として支払う額であり，使用者費用とは企業者が他の企業から購入するものの対価として支払う額と保有している設備を使用することによって蒙る犠牲の合計額である。生産・販売活動の結果として生ずる産出物の価値がその要素費用と使用者費用との合計額を超過する額が利潤（企業者の所得）である。

ケインズの総供給関数は，それぞれの企業が保有している資本ストック・生

---

[5]　有効需要が決定される点においての安定条件は企業者の期待についての調整問題として次のように説明される。

「いまもし N 人の与えられた値のもとで期待される売上額が総供給価格よりも大きければ，すなわち，もし D が Z より大きければ，企業者にとっては，Z が D に等しくなる N の値まで，雇用を（与えられた）N 以上に増加させ，必要があれば，生産要素を取るために相互に競争することによって生産費を高める誘因があるであろう。このようにして，雇用量は総需要関数と総供給関数とが交叉する点において決定される」のであり，市場におけるワルラス的な価格調整過程やマーシャル的な数量調整過程による調整問題はケインズ経済学の均衡条件と安定条件とは別の経済学なのである。

産技術・各種の資源とそれらから導出される費用条件，そして，その企業が直面している市場条件やその企業が参入している産業の状態などが一定不変のもとでは，各企業の利潤（企業者の所得）極大条件を満たす関係として，その条件を集計した経済全体の総供給額 Z と雇用量 N との間に次の（0.1）式のような関係を想定するのである。

$$Z = \phi(N) \tag{0.1}$$

ここで，総供給価額 Z とは，経済全体で N 人の雇用から生ずる産出物の総供給価値を賃金財価格 W で測った総供給価額である。労働の限界生産力が正であることから雇用量 N の増大とともに生産物の数量と生産コスト（=価格）の上昇を反映してその価額 Z は増加する。しかし，雇用量の増加とともに労働の限界生産力逓減を反映して生産物のコストが上昇し，総供給価額の増加がだんだんと大きくなるのである。以上の関係から総供給関数には，次の（0.2）式のような性質が想定される。

$$\frac{dZ}{dN} = \phi'(N) > 0, \quad \frac{d^2Z}{dN^2} = \phi''(N) > 0 \tag{0.2}$$

図 0.4　総供給関数の導出

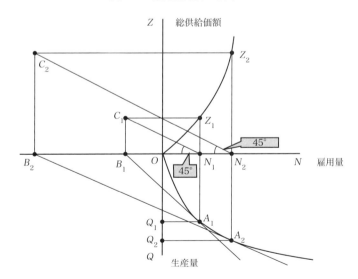

図 0.4 のように，縦軸上方向に総供給額 Z，横軸右方向に雇用量 N を取ると，この総供給関数は右上がりの逓増関数 Z として描かれる。この**「総供給関数」（Z 関数）**は企業群・産業群の生産条件と技術条件・市場条件を背景として企業家の経験と期待によって形成されるものである。

第 4 象限の労働生産性曲線のように労働の限界生産力逓減，それ故に費用逓増を前提にすると [6]，このような関係は図 0.4 のような資本設備・技術条件が一定不変であると仮定した労働生産性曲線から導出することができる [7]。

図 0.4 の第 4 象限の曲線 OC は労働生産性曲線を表しているとする。横軸に雇用量 N，縦軸下方向に生産量 Q を取ると，雇用量 ON_1 のときの生産量は N_1A_1 であり，雇用量 ON_2 のときの生産量は N_2A_2 である。また，$\angle OB_1A_1$，$\angle OB_2A_2$ の大きさは労働の限界生産力を表している。

いま，賃金財価格を W として，賃金財価格で測った総供給価額を Z とすると，Z は次の式のように定義される。

$$Z = \frac{PQ}{W} = \frac{Q}{W/P} = \frac{N_iA_i}{N_iA_i / N_iB_i} = N_iB_i$$

図 0.4 を参考にすると，Z の大きさは A_iB_i の幅として説明することができる。雇用量の増加によって労働の限界生産力を逓減させると仮定することから，雇用量の増加とともに総供給価額が増加することが説明される。

図 0.4 のように，横軸に雇用量 N，縦軸に総供給価額 Z をとると，雇用量の増加とともに限界生産力逓減・費用逓増を反映して右上がりの供給曲線を導出することができるのである。

---

[6] 雇用量の増加とともに，生産物の量は増加するが，雇用量の増加とともに生産量の増加のしかたはだんだんと小さくなる。

[7] この生産性曲線は資本設備の完全稼動を前提とした図である。国民所得水準の変化によって雇用量だけではなく資本設備の稼働率も変化すると考えられるため，稼働率が雇用量とともに変化することを想定した生産性曲線によって定義する必要がある。

2.1.2 総需要関数

J.M. ケインズは**総需要関数（Aggregate Demand Function）**について，次のような関係を想定する。

いま，企業者がN人の雇用から受け取ることができると期待する総売上額をDとすれば，総売上額Dと雇用量Nとの間には，次の（0.3）式のような関係が想定される。

$$D = F（N）\tag{0.3}$$

ここで，総需要額Dは賃金財Wで測った総売上金額であり，雇用量Nとの間には次のような関係が想定されている。雇用量Nが増大するにしたがって生産額が増加し，労働者と企業家・資本家の所得も増大する，所得の増加を反映して支出の増加＝総売上金額の増加が期待されるが，所得の増加に対して支出が増加する割合は限界支出性向と呼ばれる。限界支出性向は逓減することが想定されている。

以上の関係から総需要関数には，次の（0.4）式のような性質をもつことが想定される。

$$\frac{dD}{dN} = F'（N）> 0,\ \frac{d^2D}{dN^2} = F''（N）< 0 \tag{0.4}$$

ここで，企業者がN人の雇用から受け取ることができると期待する総売上額Dは，消費需要期待額D_1と投資需要期待額D_2の合計である。消費需要期待額は所与の賃金体系のもとでは雇用水準の増加関数であり，投資需要期待額は利子率の減少関数である。

総売上金額Dは，消費需要期待額D_1と投資需要額D_2との２つの項目に分けて考えることができる。

$$D = D_1 + D_2 \tag{0.5}$$

投資需要額D_2は投資の限界効率表と利子率との関係に依存する企業家の投資意欲等の誘因によって決定される。

企業家が社会の所得の中から消費に支出されると期待する額は，社会の「消費性向」と呼ばれる社会の心理的特徴に依存する。また，経済全体における雇

用量 N の増加は社会の所得の増加となるはずであるから，企業の生産物販売期待額中の消費需要期待額 D_1 は雇用量の増加関数となると想定することができる。すなわち，χ を「消費性向」に依存する関数であるとすると，消費需要期待額は雇用量の関数として次の（0.6）式のように表される。

$$D_1 = \chi\ (N), \qquad D_1' = \chi\ '(N) > 0 \tag{0.6}$$

この消費性向は，主に所得額と他の客観的な付随的諸条件に依存するとケインズは想定する。もちろん，社会を構成する個々の人々の主観的な必要，心理的な性向，習慣，所得分配の原理などの主観的な要因にも依存すると考えられるが，この主観的な要因を所与と見なして，消費性向は客観的な要因の変化にのみ依存すると想定するのである。このような**「社会的心理法則」**（客観的・主観的要因）は『一般理論』，「第3編，消費性向」において説明されている。

より大きな所得に対して消費水準は所得と比例して大きくないために，限界消費性向は 1 よりも小であると考えられる。このために「総需要関数」は図 0.3 の D 曲線のように右上がりの傾きがだんだん緩やかになる曲線として描かれるのである。

ここで，「総需要関数」とは，企業家にとって過去の生産・販売活動の経験や産業の状態や市場状態についての種々の情報や知識によって習得された経験的な関数であり，また，現在もなおその経験を積み重ねて行く過程として捉えられるのである。それ故にこの「総需要関数」の形状を決定するものも「総供給関数」と同様にやはり企業者なのである。

2.1.3 有効需要の決定

有効需要の大きさは，市場の状態，産業の状態などが一定不変のもとで，また，生産技術，資源，費用条件および雇用一単位当たりの要素費用が一定の状態において，企業家の主体的均衡としての「総供給関数と総需要関数とが交叉する点」において決定される。すなわち，図 0.2 の点 E が有効需要点であり，この E 点における総需要関数の値が有効需要の大きさを表しており，そのときの雇用量がケインズ的意味での均衡雇用量である。

12

　有効需要の大きさは，以上で説明した「総需要関数」（D 関数）と「総供給関数」（Z 関数）との交点における「総需要の大きさ」として定義される[8]。すなわち，図 0.3 においてはこの 2 つの曲線の交点 E において経済全体の活動水準である雇用量が決定され，それ故に国民所得水準が決定されるというのがケインズの**「有効需要の原理」**である[9]。

　以上の関係を整理すると，次のようなモデルとして表すことができる。

$$Z = D \tag{0.3}$$

$$Z = \phi\ (N),\ \frac{dZ}{dN} = \phi\ '\ (N)\ >\ 0,\ \frac{d^2Z}{dN^2} = \phi\ ''\ (N)\ >\ 0 \tag{0.1}$$

$$D = F\ (N),\ \frac{dD}{dN} = F\ '\ (N)\ >\ 0,\ \frac{d^2D}{dN^2} = F''\ (N)\ <\ 0 \tag{0.2}$$

　ここで（0.1）式と（0.2）式を（0.3）式に代入してそのときの均衡雇用量を N_K とおくと，次の（0.4）式が成立する。

$$\phi\ (N_k) = F\ (N_k) \tag{0.4}$$

　この雇用量 N_k が所与の消費性向と投資誘因のもとで実現される。ケインズ的均衡雇用量である。ケインズの「有効需要の原理」によって決定される**ケインズ的均衡雇用量**と**ケインズ的均衡国民所得**は，新古典派経済学のように**「市場原理」**によって自動的調整機能によって決定されるのではなく，**「市場の状態」**と「産業の状態」を背景として**「企業家の期待と思惑」**と**「企業家の過去の経験」**の集計として決定されることに注意しなければならない[10]。

---

[8]　総供給関数（Z 関数）は雇用量 N と総供給量 Z との間に一意的な関数関係として想定するよりは雇用量 N に対する期待値 Z として定義されていると考えるべきである。すなわち，Z の値は期待値を平均値としてその周辺を振動している値として考えるべきなのである。

[9]　このケインズの「有効需要の理論」によって決定される国民所得（$D = Z$）とは，経済全体の雇用量 N を実現するために必要な国民所得水準であり，それは経済全体にとって所得であると同時に企業・産業にとって生産費用であることに注意しなければならない。

[10]　この意味では，ケインズ経済学は「ディマンド・サイド・エコノミックス」ではなく，

2.1.4 有効需要の存在と安定性

このようにして決定される短期経済における「有効需要」の大きさと「ケインズ的均衡雇用量」の値は安定的に一定の値で決定される[11]。なぜならば、いま企業家が雇用をより高い水準に設定するならば消費水準 D_1（＝期待売上額）も高い水準になるであろう。しかし、限界消費性向は 1 よりも小であるために、消費水準は総供給額（＝生産費用額）ほどには高い水準にはならないことがわかる。このギャップは企業家にとっては赤字の増大であるから不利な選択である。このような推論の結果として企業家はこのような雇用水準を選択しないのである[12]。

また、逆に企業家が雇用をより低い水準で設定するならば、消費水準 D_1 も低い水準になるであろう。しかし、限界消費性向は 1 よりも小さいために、消費水準は総供給額ほどには小さくならないことがわかる。このことから雇用水準（＝期待売上額）を低く設定すると、総供給額（＝生産費用額）がより低い水準になるために、企業の利潤が低い水準になることを意味している。このため企業家は雇用水準を減少させる選択をしないことが説明されるのである。

2.2 ケインズ的失業

ケインズは失業について、労働市場の均衡状態においてもなお存在する**「自発的失業」**（voluntary unemployment）と区別して、有効需要の不足によって生ずる**「非自発的失業」**（involuntary unemployment）と**「摩擦的失業」**（frictional unemployment）を説明する。

ここで、**自発的失業**とは「1 単位の労働が法制とか、社会的慣習とか、団体交渉のための団結とか、変化に対する反応が遅いとか、単なる人間性質上の片意地とかの結果として、その労働者の限界生産力に帰せられるべき生産物の価

　「サプライ・サイド・エコノミックス」であると言うべきなのである。

[11]　ケインズは、総需要関数の方が総供給関数よりも安定的であると考えていると思われる。

[12]　実現する利益は、有効需要によって決定された総需要＝売上額の値から生産活動のための雇用条件や生産条件等を考慮した費用を差し引いた残余である。

値に相応する報酬を受け入れることを拒否し，または，受け入れることができないために生ずる失業」である。この種の失業に対する政策は，労働の不効用を引き下げることである。

　ケインズの時代にはこのような失業は本来大きな社会問題ではなかった。しかし，近年，多くの先進工業諸国においては，失業保険制度や他の社会保障制度が発達してきたために若年層を中心として，このような種類に分類される失業が増大している。これは経済政策の問題や景気対策の問題ではなく，「新しい社会問題」として考えられなければならない。

　次に，**非自発的失業**とはケインズの有効需要の理論が受け入れられて初めて定義することができる失業の概念である。すなわち，非自発的失業とは経済全体の財・サービスに対する有効需要が不足するために，現行の実質賃金率のもとで働く意志があるにもかかわらず仕事がない労働者が生ずることによって発生する失業である。ケインズはこの非自発的失業を『一般理論』[13]において次のように説明している。「もし賃金財の価格が貨幣賃金に比して，わずかに騰貴した場合に，そのときの貨幣賃金で働こうと欲する総労働供給と，そのときの賃金で雇おうとする総労働需要がともに，現存雇用量よりも大であるならば，人々は現に非自発的に失業しているのである」。この非自発的失業を減少させるための政策は，有効需要の拡大政策である。国内の消費性向と投資水準が所与で停滞しており，海外への輸出の増大も期待できない状態のもとでは，政府の積極的な赤字財政政策のもとでの有効需要拡大政策が必要となるのである。

　摩擦的失業とは「たとえば，誤算または，断続的需要の結果として，特殊化された諸資源の相対的数量の間に均衡を一時欠くことにもとづく失業とか，不足の諸誤算にともなう遅れにもとづく失業とか，一雇用から他の雇用への転換が，若干の遅延なくしては行われず，したがって非静態的な社会においては常にある割合の資源が ＜仕事と仕事の間に＞ 使用されないでいるという事実に

---

[13]　J. M. Keynes, *The General Theory of Employment, Interest and Money*, 1936.
（J. M. ケインズ著，塩野谷祐一訳『雇用・利子および貨幣の一般理論』東洋経済新報社，pp.15-16.）

もとづく失業」である。この摩擦的失業とは経済の変化に対して市場の調整が十分速やかに行われないことによって生ずる失業である。この摩擦的失業を減少させるためには，組織や予想・期待についての改善が必要となるのである。

2.3 ケインズ政策

2.3.1 有効需要政策

ケインズは失業の原因は**有効需要の不足**であると説明した。貨幣賃金率の伸縮性を前提としても生ずる総需要の不足こそが，ケインズのいう「有効需要の不足」であり，それ故に賃金率の伸縮性を回復することによってだけでは有効需要の不足は解決できないのである[14]。

また，貸付資金市場における利子率決定の議論についても，貯蓄と投資を均等化させる「自然利子率」という古典派経済学の概念は観念的な構成物に過ぎず，現実の利子率は貨幣市場で決定される貨幣的利子率である。

ケインズ経済学では貯蓄と投資の関係を説明するものは所得であり，投資と消費と政府支出の合計額が有効需要の大きさを決定する。

ケインズの有効需要政策について，図0.3を利用して説明すると，赤字財政政策Gによって総需要曲線を上方にシフトさせることによって，有効需要の大きさをD_1からD_2へ増加させ，雇用量をN_1からN_2へと拡大する政策である。

ケインズの有効需要政策は，一時的な財政赤字政策によって景気低迷と失業状態を改善し，景気の回復を待って財政バランスの修復を図るというものであったと考えることができる。すなわち，長期的には総供給曲線を下方へシフトさせることによって持続的な成長と財政バランスの均衡化を実現することであったと理解することができるのである。

2.3.2. ピラミッドの建設

ケインズは『一般理論』の第3編「消費性向」において，「ピラミッド建設

---

[14] それ故に，有効需要が不足している状態において，「ワークシェアリング」によって雇用量を維持あるいは増加することは不可能であることが説明される。

や地震や戦争さえも……，富の増進に役立つものである」……「もし大蔵省が古い壷に銀行券をつめ，それを廃炭坑の適当な深さのところへ埋め，次に都会のゴミで表面まで一杯にしておき，幾多の試練を経た自由放任の原理にもとづいて民間企業にその銀行券を掘り出させる（もちろん，この権利は銀行券の埋められている地域の借地料の入札によって得られるものとする）ことにすれば，もはや失業の存在する余地はなくなり，その影響のおかげで，社会の実質所得や資本資産もおそらく現実にあるよりもはるかに大きくなるであろう」……「古代エジプトはピラミッドの建設と貴金属の探索という２つの活動を持っていた点で，二重に幸せであり，伝説にまでなったその富は疑いもなくこのためにできたものであった。これらの活動の果実は消費されることによって人間の必要を満たすものではなかったから，過剰によって価値が下がることはなかった」と述べている。

　これは，雇用を創出し経済を成長させる投資が実現するか否かは富の保有者と資本家の投資の動機によって左右されるものであり，その基準は利子率と資本の限界効率との関係によって説明されるからである。利子率がこれ以上低下しない状態まで富が蓄積されたときには，経済は**「豊穣の中の貧困」**の状態にとどまることになるというケインズの認識を背景に，実質所得や資本資産を大きくすることによって社会の雇用量を増加させる方法として説明したのである。

《堤防工事としてのピラミッド建設》

　高津道昭著『ピラミッドはなぜつくられたか』（新潮選書，1992 年 6 月）によると，ピラミッドは「ファラオの道楽」でもなければ「景気刺激政策」でもなく，毎年洪水を起こして荒れるナイル川の流れを制御して田畑を創造して来たと説明している。

　ナイル川[15]の上流域部に向かい破壊の程度が進んでいる傾向を持つピラミッドは，本来川の流れを止めて流れる方向を変える役割を担っていたと説明する

---

[15]　ナイル川はアフリカ最長級の河川である。長さは 6,650km であり，流域面積は，2,870,000km^2 である。

のである。ピラミッドの構造である正四角錐は安定性が高く，水圧に強いことが知られていた。数百年・数千年の時間を費やしてこの正四角錐のピラミッドを次々に建設し（現在確認されているものは79基である），特に中流域部からは，ナイル川の流れを北西方向から北東方向に変え，ピラミッド自体も崩壊しながら堤体となり川の沖積を導くことによって，広大なデルタ地帯をカイロ周辺域に創り出すための巨大な公共事業であったと説明しているのである。

それはほとんどのピラミッドがナイル川の西岸に並んでいることからも，また，リビアの東北部の海面からマイナスの底平地地帯が存在することからも説明されるとしているのである。

この高津道昭説が正しいならば，「ピラミッド建設」は「無駄な公共事業」ではなく，ナイル川を治め，耕作地の地味を毎年改善し，耕作可能な地を次第に北の方向に拡大してきた政策であったということであり，数千年間に亘る「国土建設」という「有意義な公共事業」であったということができるのである。

3．1930年代の大恐慌

3.1　大恐慌の経験

表0.1は大恐慌期（1921〜29年，30〜38年）のアメリカ，イギリス，フランス，ドイツ各国の失業率を比較したものである。第一次世界大戦の敗戦国であるドイツの失業率が高いのは当然であるとして，1920年代はイギリスとアメリカの失業率が特に高く，1930年代はアメリカ，フランスの失業率が非常

表 0.1　大恐慌期の失業率

(%)

	1921-1929 年	1930-1938 年
アメリカ	7.9	18.2
イギリス	12.0	3.4
フランス	3.8	6.4
ドイツ	9.2	12.6

（資料：Eichengreen）

に高いことが示されている。これは第二次世界大戦後においてこれらの国の失業率が高くても 10％台であったことからも 1930 年代の大恐慌の深刻さが理解できるものであるだろう。

　この大恐慌の発端は，1929 年の 10 月 24 日（魔の木曜日）に生じた株価の大暴落から始まった**金融恐慌（Financial Crisis）**であったと考えられている。「1929 年の株価のピーク時と比較すると株価は 11 月中旬には 44％も下落した。その後，株価は一時上昇したが，1932 年 6 月にはかつてのピーク時の 15％にまで下がった。また，1931 年後半には銀行倒産が多発し」（貝塚啓明著『金融論』放送大学教材，pp.90 〜 91），1930 年から 33 年に至るまで 9,000 以上の銀行が倒産し，金融仲介機能は低下し，金融システムはかなり不安定となった。実質経済の生産指数も 1929 年の 10 月から 12 月にかけて 10％下がり，1930年 12 月には 30％も下がった。アメリカの不況による輸入の減少は，世界にとっては輸出の減少であり，輸出乗数を通して世界各国にアメリカの不況を輸出することになった。また，金本位制度のもとでは，各国は輸出減少によって生じた外貨準備の減少に対応して金融引締め政策を採用することによって，さらに景気を抑える効果が生じたのである。

　この大恐慌の終焉は，アメリカのルーズベルト大統領の金融緩和政策とドイツのヒトラーの政権拡張政策が開始されてからであった。

3.2　大恐慌の原因

3.2.1　古典派経済学的・貨幣数量説的な解釈

　Ｍ．フリードマンは，1930 年代に異常に貨幣供給量が落ちていることが大恐慌の原因であると説明する。中央銀行である連邦準備制度が適切に貨幣供給を行わなかったことが大恐慌の原因であるとし，①連邦準備制度が買いオペなどの金融緩和政策を行わなかったこと，②銀行倒産に対しては中央銀行貸出によって迅速に倒産を食い止めるべきであったこと等，中央銀行の政策の失敗が原因であったと説明する。このときの経験をもとにして 1929 年に成立した預金保険制度によって銀行倒産によって生じる金融危機は生じないと説明してい

る。

しかし，フリードマンは不況の深刻化と長期化の原因については説明しているものの大恐慌が発生した，直接的な原因については説明を行っていないのである。また，連邦準備制度が不適切な金融政策を行ったとする政策運営の背景についても分析が行われていないのである。

3.2.2 ケインズの有効需要理論による解釈

ケインズの「有効需要の理論」から考えるならば「大恐慌の原因」は，有効需要の大幅な低下が原因である。

しかし，それ以上に観察されるべきなのは，大恐慌以前の1929年代までのニューヨーク株価の大上昇期間が1926年から29年までであることが特徴である。株価が2倍強になっているのである。これはヨーロッパにあふれた過剰資金がアメリカに上陸し続けてきた証拠である。このアメリカへの資金流入はニューヨークの株価の上昇を起こし，やがて上昇過程が消え去って元の株価の水準を越えて暴落したことによる恐慌だったのである。

図 0.5 ニューヨーク株価指数

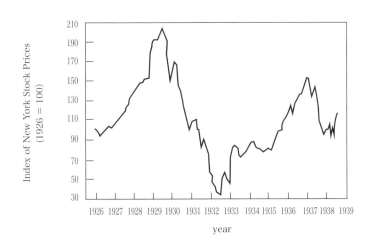

図 0.6 は，1910-1960 年のアメリカ合衆国の実質 GDP の推移を表した図である。第 1 次世界大戦後順調な経済成長を遂げていたアメリカ経済は 1928 年まで経済成長を続け，1920 年代は成長速度を上げていたのである。

すなわち，ニューヨークにおける金融資産需要の異常な増加とそれに遅れて増加した総需要が，株式価格の暴落を受けて異常に低下したことから，マクロ経済全体に大恐慌が広がったのである。

1929 年の株価の暴落を受けて，経済成長がマイナスとなり，第 2 次世界大戦に突入して経済は次第に回復することが説明されるのである。

図 0.6　1910-1960 年のアメリカ合衆国の実質 GDP の推移

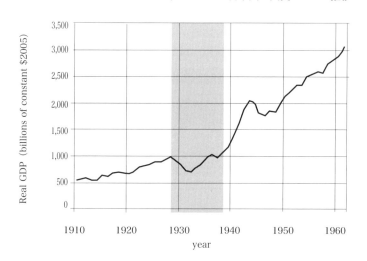

総需要の構成要素は消費と民間投資と政府支出である。安定的な消費関数を前提とするケインズ経済学においては，消費は所得の増加関数であるから，過少消費説が大恐慌の原因ではないのである。株価の暴落を理由として民間投資水準が低下したことを原因として有効需要が減少したのである。

もしこのとき，ケインズの有効需要政策が採用されていたならば，そして，赤字財政政策を当時の議会が受け入れていたならば，金融政策の運営方法と総需要を支える政府支出によって，異常に低下した有効需要水準を維持できたで

あろうと説明することはできるであろう。すなわち，結果としての政策原因としては，財政政策運営の失敗と貨幣政策の失敗に大恐慌の原因があったということができるであろう[16]。

3.2.3 動学的な分析の必要性

消費関数に動学的要素を考慮して有効需要の理論を応用するならば「大恐慌の原因」を説明することができる。すなわち，「消費の資産効果」と消費の「将来への期待」を考慮するのである。

1920年代の終り頃からの株価の大暴落とその後の銀行の倒産などによって，消費者は将来への危機感から耐久消費財の買い控えを行ったことと，その後の物価下落による債務圧力が，消費者，企業，銀行の活動を消極的にした結果として「大恐慌」が生じたと考えられるのである。

ウォール街において株価が大暴落した1929年10月よりも以前の9月に生産指数はピークを示し，その後下降に転じていた。この原因は1928年の初めから連邦準備制度が行った通貨の対外価値を維持するためと株価の過熱を避けることを目的とした金融引締め政策が原因であったと考えられているのである。

3.2.4 大恐慌の教訓

貝塚啓明教授は『金融論』（放送大学教材，pp.94〜95）において，大恐慌から次のような教訓が得られるとしている。

①銀行倒産のような金融不安定性は不況を深刻化させる要因になること。

②急速な物価下落は消費者の心理に買い控えを促す危険性があること。

③政策当局はかなり思い切った需要喚起政策をとるべきこと。

---

[16] しかし，当時，金融引締め政策や財政引締め政策が採用されてはいないため，このように単純なケインズ経済学モデルによってでは大恐慌の原因を説明することはできないのである。

第1章

国民所得概念

　本章においてはJ.M. ケインズによってもたらされたマクロ経済学についての新古典派経済学的な方法によって理解されるマクロ経済学の基本的な用語として，国民所得や国民総生産，国内総生産という概念について説明する。

　国民所得（National Income）や国民総生産（National Product）という概念は，マクロ経済学の中心的な概念である。しかし，今日では，国際貿易や海外への，あるいは海外からの資本移動が大きいために国内経済の活動水準を分析する為には国内総生産（Domestic Products）という概念が広く使われている。

　これら国民所得や国民総生産，国内総生産という概念は，1月間とか1年間というように，一定の期間の中で発生する経済量であり，「フロー量」（flow）として定義される。これに対して，工場施設や資本設備のようにある時点において存在する経済量は「ストック量」（stock）として定義される。

1. 経済循環と三面等価

1.1 経済主体

　経済全体の経済活動水準について考えるときに，経済的な資源配分や生産，所得分配や諸取引に参加する主体を経済主体という。経済主体は大きく分けて，家計と企業，政府の3つがある。これらの経済主体については，次のように説明される。

①家計は，土地，労働，資本などの本源的生産要素の究極的保有者であり，各
　期において効用極大化行動に基づいて，自らの経済活動に使用したり，企業

24

の生産活動に貸し出したりして，地代，賃金，俸給，利子等を受け取り，当該期間の所得とする。所得の一部は生活のために消費し，残りは貯蓄として将来の消費活動のために蓄えるのである。

②企業は，生産活動と販売活動を行う経済主体であり，各期において利潤極大化行動に基づいて，生産と販売活動を行い，一部は在庫投資や設備投資を行って企業の将来の利益の安定的な稼得を目指すのである。

③政府は，市場経済が安定的に機能することと，資源が効率的に有効に利用され，国民の経済活動が公平に行われるように経済システムを管理する。政府の収入は粗税であり，支出は政府サービスの供給や公共財の供給や社会資本の形成のために支出される。

経済全体は家計と企業の合理的行動の結果としての主体的均衡状態を背景にした需要条件と供給条件とに基づく市場取引によって実現される経済活動の結果として説明される。各経済主体と生産物市場と生産要素市場等の市場との関係は，次の図1.1のように表される。

図 1.1　経済循環図

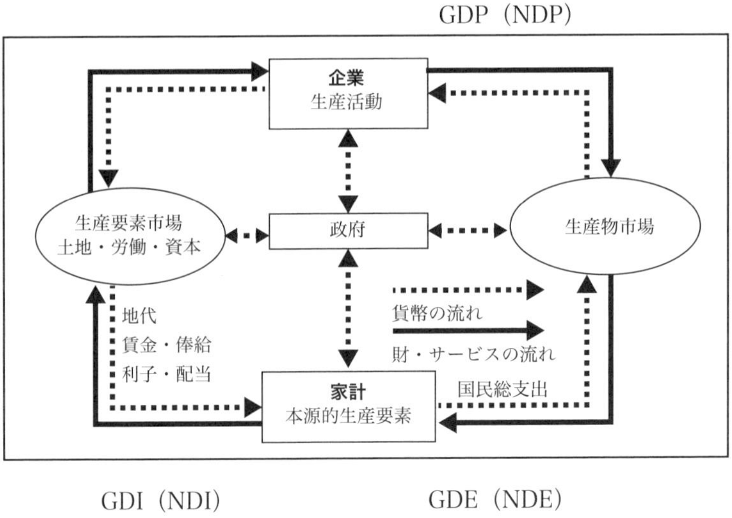

1.2 三面等価－グロス (gross) 概念とネット (net) 概念

国内総生産 GDP (gross domestic product) とは一定期間 (1年間) に国内に居住する全ての産業において新たに生み出された付加価値の合計額である。付加価値とは産出額が投入額を上回る額であり，毎年の生産活動によって生み出される生産物の価値から，毎年の生産活動に投入された財・サービスの価値を差し引いたものを付加価値という。生産要素の生産活動において価値を増加させた貢献分であるため，生産要素の提供者に賃金・俸給・配当・地代のかたちで配分され所得となる (＝分配国民所得；NI ,national income) のである。この国民所得がどのような用途 (消費，投資，政府支出等) に支出されるかを見た所得を国内総支出 (NE;national expenditure) という。

生産面・分配面・支出面の3つのどの分野から見ても国民所得は同じ値になる。この関係を国民所得の三面等価という。

1.3 国民所得の定義

しかし，毎年生み出された付加価値の実質的な価値を考えるためには，生産活動によって減耗した工場施設や機械設備などの資本の減耗分についての価値の喪失部分を考慮しなければならない。この生産活動に伴って減耗した価値を資本減耗と呼びその価値の会計的評価を減価償却 (固定資本減耗) という。この減価償却を考慮しない付加価値合計の概念を粗概念 (gross；粗) といい，減価償却分を控除した付加価値額を純概念ネット (net：純) という。

①グロス (gross；粗) 概念の国民所得

生産国民所得 (Gross Domestic product) ＝ 国民純生産－間接税＋補助金

分配国民所得 (Gross Domestic Income) ＝ 雇用者所得＋財産所得＋企業所得

支出国民所得 (Gross Domestic Expenditure) ＝ 消費支出＋投資支出＋政府支出

しかし，国民所得統計として，今日，利用されている概念は，GDP (Gross Domestic Product) であり，国内総生産と訳されている。これは，国民を単位としての国民所得ではなく，国内に住む経済主体の全体の総付加価値生産額に

26

よる所得概念である。

②ネット（net：純）概念の国民所得と三面等価

　一定期間の減価償却（固定資本減耗）を控除した付加価値合計額が純国民所得概念であり，原価償却額を控除した純付加価値合計額が純国民所得概念である。

NDP（Net Domestic product）　　；国内純生産：GDP －固定資本減耗＝Y

NDI（Net Domestic Income）　　；国内純所得：NDP －間接税＋補助金

　　　　　　　　　　　　　　　　$= wL + rK$

NDE（Net Domestic Expenditure）；国内純支出 $GDF = C + I + G$

すなわち，以下の恒等式が成立する。

$Y = wL + rK = C + I + G$

（国民総所得）＝（国民分配所得）＝（国民総支出）

③ GNP と NNP との関係

　粗概念と純概念との間には，次のような関係が成立することが説明される。

$GDP = NDP$ ＋固定資本減耗

$NDP =$ 国民所得（NI）＋（間接税－補助金）

国内可処分所得（DI）＝国民所得（NI）－法人税等－直接税

　　　　　　　　　　　＝民間消費＋政府消費＋貯蓄

1.4　貯蓄と投資の恒等式

　経済全体の貯蓄は民間貯蓄と政府貯蓄の合計である。ここで，民間貯蓄 S_p は一定期間の可処分所得 $Y_D = Y-T$ から消費額 C を引いた残りであるから，$S_p = Y-T-C$ と表される。また，政府貯蓄 S_G は税収から政府支出を引いた残りであるから，$S_G = T-G$ と表される。

　三面等価の条件から，「貯蓄と投資の恒等関係」が成立するので，以下の関係が成立する。

$Y = T + C + S, \quad Y = C + I + G$

ここで，上で説明した貯蓄の定義式を考慮すると，以下の式が成立する。

$$S = S_p + S_g = (Y - T - C) + (T - G) = Y - C - G = I$$

すなわち，$I = S$ が恒に成立するのである。

2. 産業連関表と国民所得

三面等価と貯蓄と投資の恒等関係について下記の数値例によって説明する。いま，農業・工業・サービス産業の3つの産業から成立している経済を考えて，次のような産業連関表を考える。

2.1 産業連関表と国民所得の計算

表 1.1 は三部門からなる産業連関表の模型である。この産業連関表は一定期間における各産業の生産額と支出額を記録したものである。横の項目には，各産業で生産されたものが各項目に販売されていることを説明している。また，縦の項目は，それぞれの産業の生産活動に投入された生産要素に対する投入費用の支払いと報酬の支払いが説明されている。

表 1.1　産業連関表

投入項目＼需要項目		中間需要（M）			最終需要（D）			総産出（A）
		農業	工業	サービス業	消費支出（C）	投資支出（I）	政府支出（G）	
中間投入（M）	農業	50	100	100	200	50	50	550
	工業	50	300	150	200	200	100	1,000
	サービス業	50	200	250	300	300	100	1,200
粗付加価値	賃金（W）	250	150	200				
	利潤（Π）	100	150	300				
	資本減耗（R）	50	100	200				
総投入（S）		550	1,000	1,200				

2.2　付加価値合計額としての国民所得

2.2.1　国民所得

各産業別の生産額と販売額の関係は，次のように表される。

横の欄について，中間需要の額をM，消費需要額をC，投資需要額をI，政府支出額をG，総産出額（付加価値額）をAとする。

28

農業の総生産額 $A_1 = M_1 + C_1 + I_1 + G_1$

$$= (50 + 100 + 100) + 200 + 50 + 50 = 550$$

工業の総生産額 $A_2 = M_2 + C_2 + I_2 + G_2$

$$= (50 + 300 + 150) + 200 + 200 + 100 = 1,000$$

サービス業の総生産額 $A_3 = M_3 + C_3 + I_3 + G_3$

$$= (50 + 200 + 250) + 300 + 300 + 100 = 1,200$$

経済全体の総生産額Aは3つの産業の生産額の合計であるから，次のように表される。

総生産額 A ＝農業の生産額 A_1 ＋工業の生産額 A_2 ＋サービス業の生産額 A_3

$$= 550 + 1,000 + 1,200 = 2,750$$

経済全体の最終需要額は3つの産業の売上額の合計であるから，次のように表される。

付加価値生産額＝ $(C_1 + I_1 + G_1) + (C_2 + I_2 + G_2) + (C_3 + I_3 + G_3)$

$$= (200+50+50) + (200+200+100) + (300+300+100)$$

$$= 1,500$$

2.2.2 付加価値合計額

縦の欄について，中間投入額を M，賃金支払額を W，利潤額を Π，資本減耗（減価償却引当額）を D，純投入額（＝純産出額）を S と表す。いま投入額 S は，「縦の欄」の費用項目から，次のように計算される。

各産業別の総生産額の合計は，次のように表される。

農業の総生産額 $S_1 = M_1 + W_1 + \Pi_1 + D_1$

$$= (50+50+50) + (250+100+50) = 550$$

工業の総生産額 $S_2 = M_2 + W_2 + \Pi_2 + D_2$

$$= (100+300+200) + (150+150+100) = 1,000$$

サービス業の総生産額 $S_3 = M_3 + W_3 + \Pi_3 + D_3$

$$= (100+150+250) + (200+300+200) = 1,200$$

経済全体の総生産額は3つの産業の生産額の合計であるから，次のように表

第1章 国民所得概念 *29*

される。

　経済全体の総生産額＝ $M+W+\varPi+D$ ＝ 550 ＋ 1,000 ＋ 1,200 ＝ 2,750

　経済全体の粗付加価値額は 3 つの産業の付加価値額の合計であり，次のように表される。

　農業の粗付加価値額＝ $W_1+\varPi_1+D_1$ 　　 ＝ 250+100+50 　　 ＝ 400

　工業の粗付加価額＝ $W_2+\varPi_2+D_2$ 　　 ＝ 150+150+100 　　 ＝ 400

　サービス業の粗付加価額＝ $W_3+\varPi_3+D_3$ ＝ 200+300+200 ＝ 700

　すなわち，経済全体の粗付加価値額 GDP ＝ $W+\varPi+D$ ＝ 400+400+700 ＝ 1,500 となる。

《三面等価》

　この経済全体の粗付加価値額は，先に計算した経済全体の最終需要額（＝国民総支出額 *GNE*）と等しく国民所得 *GNP* ＝ 1,500 を表している。

　以上の計算から，総生産額＝経済全体の粗付加価値額 *GDP* ＝国民所得 *GNI* ＝国民総支出 *GNE* の三面等価が説明されるのである。

2.3　純国内総生産と純国内所得と純国内支出の 3 面等価

　国内総生産額 *A* は 3 つの産業の総生産額からそれぞれの中間投入額を引いた残りであるからその合計として，次のように計算され 1,500 であることが説明される。

　　国内生産額 *GDP* ＝国内総生産額 *A* －中間投入額 *R*

　　　　　　　　＝農業の総生産額（A_1-R_1）＋工業の総生産額（A_2-R_2）

　　　　　　　　　＋サービス業の総生産額（A_3-R_3）

　　　　　　　＝(550 － 150)＋(1,000 － 600)＋(1,200 － 500) ＝ 1,500

《三面等価》

　ここで，減価償却額が 350 であるから，国内総生産額 *GNP* ＝ *GDP* の 1,500 からこの減価償却額を引くと，純国内総生産 *NNP* ＝ *NDP* と国内所得 *NNI* ＝

30

NDI は 1,150 となる[1]。

減価償却額（R）$= 50 + 100 + 200 = 350$

NNP $= NDP =$ 国民総生産－減価償却額$= GNP - R = 1,500 - 350$

$\qquad = 1,150$

NNI $= NDI =$ 家計の所得＝賃金収入＋俸給＋利子・配当

$\qquad =（250 + 100）+（150 + 150）+（200 + 300）$

$\qquad = 350 + 300 + 500 = 1,150$

NNE $= NDE = C + I_N + G = 700 + 200 + 250 = 1,150$

ここで，I_N は純投資額（$= I - R$）である。

2.4 貯蓄と投資の恒等式

家計の貯蓄は所得から租税額 G（均衡予算を前提として租税額は政府支出額と等しいとする）と消費 C を引いた残りであるから，次のように計算される。

家計の貯蓄＝所得 Y －租税額 G －消費 C

$\qquad = 1,150 -（50 + 100 + 100）-（200 + 200 + 300）= 200$

3 つの産業の粗投資額は 550 であり，純投資額は 400 である。

粗投資額$= 50 + 200 + 300 = 550$

純投資額＝粗投資額－減価償却額$= 550 - 350 = 200$

以上から粗投資額 ＝粗貯蓄額，純投資額＝純貯蓄額である。

粗投資額（750） ＝粗貯蓄額（750）

純投資額（200） ＝純貯蓄額（200）

以上の説明を，国民所得の諸概念として，まとめると表 1.2 のように表わされる。

1 年間の国民の経済活動の成果として，集計した額が総生産額であり，中間財投入額を控除した額が国内総生産額である。この額から資本減耗額を控除した額が純国内総生産額である。純国内所得は間接税－補助金を控除した額とし

---

[1] 閉鎖体系を前提に議論しているので、$NNP = NDP$, $NNI = NDI$, $NNE = NDE$, である。

表 1.2　産業連関表

総生産額

中間投入額	国内総生産 GDP	国内総生産 GNP	純国内総生産 NDP	純国民総生産 N NNP	純国内所得 DI	純国民所得 NI
	固定資本減耗	固定資本減耗	間接税―補助金	間接税―補助金		
		海外からの純要素所得		海外からの純要素所得		海外からの純要素所得

て定義される。

　また，国内の経済主体が海外への出稼ぎからの所得や海外投資から得られる資本の利益などの純要素所得を足し合わせたものが粗国民総生産，純国民総生産，純国民所得である[2]。

3.　マクロ変数の指数と指数化―ラスパイレス指数とパーシェ指数―

　新古典派経済学的なマクロ経済学の分析において，しばしば「名目」と「実質」という概念を使用した経済変数が登場する。「名目」とは貨幣表示という意味であり，貨幣額で測った値という意味であり，物価の変動の影響を受ける変数である。これに対して，「実質」とは物価水準の変化の影響を取り除いた値であるという意味である。

　しかし，物価の変動を考慮する場合に問題となるのは，財・サービス間の相対価格の変化とその変化の影響を受けて変化している生産方法や消費の組合せの変化の影響をどのように考えるかという問題である。

　このような問題を考えるために利用されているのがラスパイレス指数とパーシェ指数の考え方である。

---

[2] この時，国内に居住する経済主体の所得は差し引かれている。

3.1 ラスパイレス指数とパーシェ指数

3.1.1 貨幣（名目）所得の変化と消費の変化

いま，変化以前の時期（0期）における第一財価格を p_1^0，第二財価格を p_2^0，第一財の消費量を x_1^0，第二財の消費量を x_2^0 と表すとする。このとき，変化以前の貨幣（名目）所得 M_0 は，次の（1.1）式のように表される。

$$M_0 = p_1^0 x_1^0 + p_2^0 x_2^0 \tag{1.1}$$

次に，変化後の時期（1期）の第一財価格を p_1^1，第二財価格を p_2^1，第一財の消費量を x_1^1，第二財の消費量を x_2^1 と表すと，変化以後の貨幣（名目）所得 M_1 は次の（1.2）式のように表される。

$$M_1 = p_1^1 x_1^1 + p_2^1 x_2^1 \tag{1.2}$$

この関係から貨幣（名目）所得の変化率は，次の（1.3）式のように求められる。

$$m = \frac{M_1}{M_0} = \frac{p_1^1 x_1^1 + p_2^1 x_2^1}{p_1^0 x_1^0 + p_2^0 x_2^0} \tag{1.3}$$

3.1.2 ラスパイレス指数

ラスパイレス指数とは基準年度を変化以前として，変化後の関係を測る指標であり，価格指数（1.4）式と数量指数（1.5）式がある。

【ラスパイレス価格指数】 $\quad P_{01}^L = \dfrac{p_1^1 x_1^0 + p_2^1 x_2^0}{p_1^0 x_1^0 + p_2^0 x_2^0}$ $\tag{1.4}$

【ラスパイレス数量指数】 $\quad Q_{01}^L = \dfrac{p_1^0 x_1^1 + p_2^0 x_2^1}{p_1^0 x_1^0 + p_2^0 x_2^0}$ $\tag{1.5}$

3.1.3 パーシェ指数

パーシェ指数とは基準年度を変化以後として，変化以前との関係を測る指標であり，価格指数（1.6）式と数量指数（1.7）式がある。

【パーシェ価格指数】 $\quad P_{01}^P = \dfrac{p_1^1 x_1^1 + p_2^1 x_2^1}{p_1^0 x_1^1 + p_2^0 x_2^1}$ $\tag{1.6}$

第 1 章　国民所得概念　33

【パーシェ数量指数】　$Q_{01}^P = \dfrac{p_1^1 x_1^1 + p_2^1 x_2^1}{p_1^1 x_1^0 + p_2^1 x_2^0}$ （1.7）

3.1.4　所得と指数との関係

　名目所得の変化率を表す（1.3）式から，次の（1.8）式のような関係を導出することができる。

$$m = \frac{M_1}{M_0} = \frac{p_1^1 x_1^1 + p_2^1 x_2^1}{p_1^0 x_1^0 + p_2^0 x_2^0} = \frac{p_1^1 x_1^0 + p_2^1 x_2^0}{p_1^0 x_1^0 + p_2^0 x_2^0} \frac{p_1^1 x_1^1 + p_2^1 x_2^1}{p_1^1 x_1^0 + p_2^1 x_2^0}$$

$$= P_{01}^L \, Q_{01}^P$$ （1.8）

　すなわち，名目所得の変化率は「ラスパイレス価格指数」と「パーシェ数量指数」の積として表される。

　あるいは，別の方法によって，次の（1.9）式のような関係として導出することができる。

$$m = \frac{M_1}{M_0} = \frac{p_1^1 x_1^1 + p_2^1 x_2^1}{p_1^0 x_1^0 + p_2^0 x_2^0} = \frac{p_1^0 x_1^1 + p_2^0 x_2^1}{p_1^0 x_1^0 + p_2^0 x_2^0} \frac{p_1^1 x_1^1 + p_2^1 x_2^1}{p_1^0 x_1^1 + p_2^0 x_2^1}$$

$$= Q_{01}^L \, P_{01}^P$$ （1.9）

　すなわち，名目所得の変化率は「ラスパイレス数量指数」と「パーシェ価格指数」の積として表される。

3.2　価格の変化と消費者選択の説明

3.2.1　具体的な例

　いま，変化以前の時期（0期）におけるおにぎりの価格を100円，パンの価格を100円，おにぎりの消費量を10個，パンの消費量を20個とする。このとき，変化以前の貨幣（名目）所得M_0は，次のように表される。

　$M_0 = 100$ 円 $\times 10$ 個 $+ 100$ 円 $\times 20$ 個 $= 3{,}000$ 円

　次に，変化後の時期（1期）のおにぎりの価格を120円，パンの価格を150円，

おにぎりの消費量を15個,パンの消費量を14個とすると,変化以後の貨幣(名目)所得は次のように表される。

$M_1 = 120$円$\times 15$個$+ 150$円$\times 14$個$= 1,800$円$+ 2,100$円$= 3,900$円

この関係から貨幣(名目)所得の変化率は次のように求められる。

$$m = \frac{M_1}{M_0} = \frac{3,900}{3,000} = 1.3 = 30\%の増加$$

ここで,30%の名目所得の増加はこの消費者の効用水準を高めたであろうか。

いま,変化以前の価格体系のもとで変化後の消費量を評価すると,次のように計算することができる。

100円$\times 15$個$+ 100$円$\times 14$個$= 2,900$円

変化以前の価格体系で評価するとこの家計の支出額は2,900円であり,変

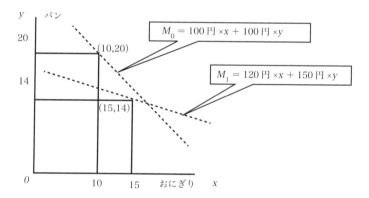

化以前においても実現可能な消費の組み合わせである。すなわち,家計は変化後のこの点よりも変化以前の消費点を選好することが説明されるのである。

このとき,この家計の所得は実質的には3,000円から2,900円に減少していることが説明されるのである。

基準年度を変化以前として,変化後の関係を測る指標をラスパイレス指数という。ラスパイレス指数には価格指数と数量指数がある。

3.2.2 価格指数と数量指数

いま，おにぎりは 100 円から 120 円に 20 円（＋20％）上昇した。また，パンは 100 円から 150 円に 50 円（50％）上昇した。また，この価格の変化と生得の変化に対応しておにぎりの消費量は 10 個から 15 個に増加し，パンは 20 個から 14 個に減少している。このように，実際の経済においては，2つの財の価格と消費量の組み合わせは同時に生ずるものである。このような場合の物価の変化と実質消費量の変化を表す指標として，変化禅を基準とする「ラスパイレス指数」と変化後を基準とする「パーシェ指数」とがある。

3.2.2.1 ラスパイレス指数

【ラスパイレス価格指数】

ラスパイレス価格指数 P_{01}^L とは価格変化以前の消費量の組み合わせを基準として価格の変化を指数化するものである。

$$P_{01}^L = \frac{p_1^1 x_1^0 + p_2^1 x_2^0}{p_1^0 x_1^0 + p_2^0 x_2^0} = \frac{120 \text{円} \times 10 \text{個} + 150 \text{円} \times 20 \text{個}}{100 \text{円} \times 10 \text{個} + 100 \text{円} \times 20 \text{個}} = \frac{4{,}200}{3{,}000}$$

$$= 1.4 = 40\% \text{上昇}$$

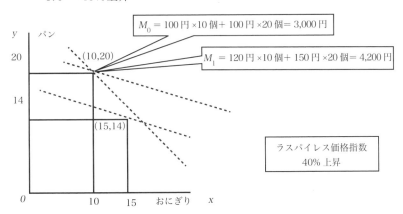

ラスパイレス価格指数でみると変化以前の消費の組み合わせを基準にしてみると価格変化率は40％上昇していることが説明されるのである。

このことは名目所得でみると$m=1.3$で30％増加したが，ラスパイレス価格指数でみると物価が40％上昇したために，実質所得は10％（＝40％－30％）下落したことになるのである。

【ラスパイレス数量指数】

ラスパイレス数量指数Q_{01}^{L}は価格変化以前の価格体系を基準として，変化以前の消費量の組み合わせと変化後の消費量の組み合わせの変化について指数化するものである。

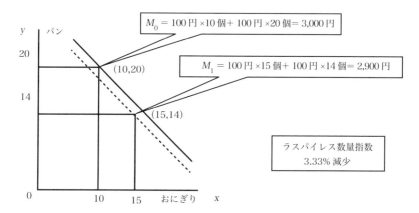

$$Q_{01}^{L} = \frac{p_1^0 x_1^1 + p_2^0 x_2^1}{p_1^0 x_1^0 + p_2^0 x_2^0} = \frac{100円 \times 15個 + 100円 \times 14個}{100円 \times 10個 + 100円 \times 20個} = \frac{2,900}{3,000}$$

$= 0.966 = 3.33％の減少$

ラスパイレス数量指数でみると変化以前の価格を基準にしてみると消費の実質量は3.33％減少していることが説明されるのである。

3.2.2.2 パーシェ指数

財の価格と消費量の変化後を基準とする指数を「パーシェ指数」という。

【パーシェ価格指数】

パーシェ価格指数 P_{01}^p は価格上昇後の消費量の組み合わせを基準として，価格の変化について指数化するものである。

$$P_{01}^p = \frac{p_1^1 x_1^1 + p_2^1 x_2^1}{p_1^0 x_1^1 + p_2^0 x_2^1} = \frac{120 円 \times 15 個 + 150 円 \times 14 個}{100 円 \times 15 個 + 100 円 \times 14 個} = \frac{3,900}{2,900}$$

$$= 1.34 = 34\% の上昇$$

パーシェ価格指数でみると変化後の消費の組み合わせを基準にすると34%上昇していることが説明されるのである。

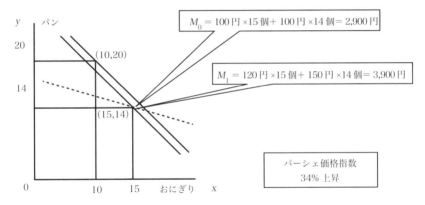

【パーシェ数量指数】

パーシェ数量指数 Q_{01}^p は価格変化後の価格を基準として，変化以前の消費量の組み合わせと変化後の消費量の組み合わせの変化について指数化するものである。

$$Q_{01}^p = \frac{p_1^1 x_1^1 + p_2^1 x_2^1}{p_1^1 x_1^0 + p_2^1 x_2^0} = \frac{120 円 \times 15 個 + 150 円 \times 14 個}{120 円 \times 10 個 + 150 円 \times 20 個} = \frac{3,900}{4,200}$$

$$= 0.93 = 7\% の減少$$

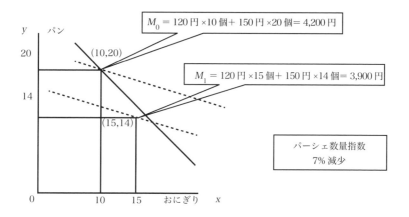

　パーシェ数量指数でみると変化後の価格体系を基準にすると7%減少していることが説明されるのである。

《具体的な使用例》

　以上で説明したラスパイレス指数は，消費者物価指数や企業物価指数に採用されており，パーシェ指数は，GDPデフレーターに採用されている。ここで，GDPデフレーターとは，名目GDPを実質GDPで割った値である。

第2章

国民所得決定と乗数理論

1. ケインズ経済学と現代マクロ経済学

　前章において説明したケインズ経済学の主要な変数は雇用量と賃金単位で測られた販売総額と総生産費用である。これは古典派経済学の伝統としても，また「消費性向」や「乗数」を説明するためにも重要な前提であった。

　「なぜならば，Y_W と N との間の関係式は雇用の厳密な性質に依存しているからである。すなわち，一定の総雇用量 N と異なった雇用部門に2つの異なった仕方で配分した場合には Y_W の異なった値が存在するであろう。……しかし，一般的には Y_W を N によって一義的に決定されるとみなすことは適切な方法である。したがって，われわれが消費性向と呼ぶものを，賃金単位表示の任意の所得水準 Y_W と消費支出 C_W との関数関係 χ として規定することにしよう。したがって次のようになる。

　　$C_W = \chi\,(Y_W)$　　　　あるいは，$C = W \cdot \chi\,(Y_W)$　　　　　　　　　」
　（『一般理論』p.90）

1.1　消費関数

　以上の説明から有効需要に対応する国民所得 Y_W と雇用量 N との間には，次のような一定の安定的な関係を想定することができる。

　　$Y_W = Y_W\,(N)$　　　　あるいは，$N = N\,(Y_W)$

　この関係を前章で説明した消費関数に代入すると次のように書き直すことができる。

40

$D_1 = \chi\ (N), \qquad \chi\,'\ (N)\ >\ 0$

$D_2 = I_W = \chi\ (N\ (Y_W))\ =\ I_W\ (Y_W)$

この消費関数を賃金単位の表示の代わりに貨幣賃金で表示すれば，消費関数は次のように表される。

$C = W \cdot C_W\ (Y_W)\ =\ C\ (Y)$

1.2　投資関数

有効需要のもう1つの構成要素である投資需要についても同様の方法によって，賃金単位で測られた投資額 I_W から貨幣単位で測られた投資額 I に替えて表すことが可能である。

すなわち，$D_2 =\ I_W$ の両辺に賃金財価格あるいは貨幣賃金率 W をかけると，投資関数は次のような関係として説明することができる。

$I = W \cdot D_2$

1.3　賃金表示と貨幣表示による有効需要決定の体系

以上の説明から，賃金単位によって表された「有効需要理論」は貨幣表示で表された体系として書き改めることができるのである。

【ケインズ体系】

［企業者の主体的均衡条件］　　$Z_W = D_W$

［総供給関数；費用条件］　　　$Z_W = \phi\ (N)$

［総需要関数；市場期待］　　　$D_W = f\ (N)\ =\ D_1 + D_2$

ここで，貨幣表示での経済全体の所得を Y とすると，$Y = W \cdot Z_W$ として表される。なぜならば，「企業者の所得は，当該期間に販売された彼の完成生産物の価値が彼の主要費用を超過する額と定義することができる。いいかえれば，企業者の所得は，彼の生産規模に依存しながら，彼の最大化しようと努力する量，通常の意味における粗利潤に等しいと考えられる。……社会の他の人々の所得は企業者の要素費用に等しいから総所得は A–U に等しい」（ケインズ著『一般理論』pp.54–55）からである。

すなわち，経済全体の総所得 Y は，賃金・俸給などの要素費用の部分と W と企業者の粗利潤 Π の合計となるのである。

以上のことに注意して【ケインズ体系】を書きかえると次のような体系として表すことができる。

【貨幣表示によるマクロ経済モデル】

　［企業者均衡の主体的条件］　　　$Z = D$

　［総供給関数；費用条件］　　　$Z = W \cdot Y_W (N) = Y (N)$

　［総需要関数；市場期待］　　　$D = D (Y) = C (Y) + I$

この体系をケインズ的な企業者の主体的均衡条件を決定するモデルとしてではなく，生産物市場の均衡条件とその安定条件を議論するモデルとして解釈することによって，新古典派経済学的な「現代マクロ経済学モデル」が成立したのである。

2. 総需要の構成要素

2.1 消費関数・消費性向

経済全体の消費額を C，国民所得を Y として，消費関数を C と表すと，消費関数は次の（2.1）式のように表される。

$$C = C (Y) \tag{2.1}$$

$$C_0 = C (0), \quad 1 > C = \frac{dC}{dY} > 0 , \quad \frac{d^2 C}{dY^2} < 0$$

消費の大きさを決定する要因の中で所得水準の大きさに依存しない**「基礎消費額」**（$C_0 = C (0)$）の部分は歴史的・社会的要因によって決定されると考えられるので，短期の期間においては一定所与である。

消費額 C の国民所得 Y の大きさに対する割合は**平均消費性向（APC = Average Propensity to Consume)**，あるいは，簡単に「消費性向」と呼ばれ，$APC = \dfrac{C}{Y}$ で定義される。また，国民所得の増大 $\varDelta Y$ に対する消費額の増大 $\varDelta C$ の割合は**限界消費性向（MPC = Marginal Propensity to Consume)** と

呼ばれ，$MPC = \dfrac{\varDelta C}{\varDelta Y}$で定義される。一般には，消費額は所得の増加額以上には増加しないと考えられるので，**「限界消費性向は1よりも小さい」**と考えることができる。

2.2 消費関数の性質

　家計の租税負担 T を考慮すると，家計の消費関数は可処分所得 Y_D の増加関数としてあらためて次の（2.2）式のように定義される。

$$C = C\ (Y_D), \qquad Y_D = Y - T, \quad T = T_0 + tT \tag{2.2}$$

2.2.1 定額税の場合の消費関数

　租税が定額税 T_0 の場合の消費関数は次の（2.3）式のように説明される。

$$C = C\ (Y-T_0), \qquad \frac{dC}{dT} = -\,c \tag{2.3}$$

　この式を T で微分することによって，租税額の1単位の増加は，消費額を限界消費性向 $c \times 1$ 単位だけ減少させることが説明される。

2.2.2 定率税の場合の消費関数

　租税が定率税の場合の消費関数は次の（2.3'）式のように説明される。

$$C = C\ ((\,1-t\,)\ Y), \qquad \frac{dC}{dt} = -c\,{}'\ Y \tag{2.3'}$$

　この式を税率 t で微分することによって，租税率の上昇は，消費額を $c \times Y$ だけ減少させることが説明される。

2.3 貯蓄関数・貯蓄性向

　貯蓄は一定期間の所得の中からその期間中には消費されなかった残りの大きさとして定義される。すなわち，$S = Y - C$，であるから，貯蓄関数は所得水準と消費関数との関係から次の（2.4）式のように導出される。

$$S\ (Y) = Y - C\ (Y) \tag{2.4}$$

国民所得に対する貯蓄の割合 $\frac{S}{Y}$ は，**平均貯蓄性向**（APS = Average Propensity to Saving）と呼ばれる。一般に，貯蓄額は所得の増加額以上には増加できないと考えられるので，「限界貯蓄性向は1よりも小さい」と考えることができる。

ケインズ経済学の消費関数の性質から，経済全体の貯蓄の大きさは，経済全体についての所得の大きさについての増加関数として定義される。すなわち所得が増加すると貯蓄は増加すると考えるのである。貯蓄関数は次の（2.5）式のように表すことができる。

$$S = S(Y), \qquad 1 > s = \frac{dS}{dY} = S_Y > 0 \tag{2.5}$$

図 2.1　消費関数と貯蓄関数

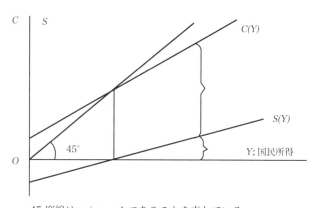

45 度線は $c + s = 1$ であることを表している。

ここで，s は貯蓄額変化の所得額変化に対する割合である。国民所得の増大に対する貯蓄額の増大の割合は**限界貯蓄性向**（MPS = Marginal Propensity to Saving）と呼ばれ，$MPS = \frac{\varDelta S}{\varDelta Y}$ で定義される。

図 2.1 は，貯蓄 S と消費 C との関係を表したものである。すなわち，傾きが限界貯蓄性向で表される貯蓄関数は，45 度線から傾きが限界消費性向で表

される消費関数を引いた残りとして導出されるのである。あるいは，消費関数
と貯蓄関数の縦軸で測った合計として45度線が表されるのである。

2.4 政府支出

政府支出 G は，①政府の**財貨・サービス購入**（exhaustive expenditure）
と**移転支出**（transfer expenditure）とに分けて考えなければならない。移転
支出は主として社会保障関係費であり**「マイナスの租税」**（negative tax）と
して取り扱われる。

税収 T は租税収入マイナス移転支出として表される。いま，国民所得を Y，
平均税率を t $(= \dfrac{T}{Y})$ とすると，**可処分所得**（disposable income）Y_D は，
定額税の場合には，$Y-T$ で表され，定率税の場合には，$(1-t)\,Y$ で表される。

【定額税の場合の可処分所得】　　$Y_D = Y-T$ 　　　　　　　　　　(2.6)

【定率税の場合の可処分所得】　　$Y_D = (1-t)\,Y$ 　　　　　　　　(2.7)

3. 国民所得の決定

3.1 均衡国民所得の決定

ケインズの**「有効需要の理論」**で決定される国民所得の値を生産物市場の均
衡条件によって決定される値であると考えるならば，一定期間における総供給
額 Y は，一定期間における総需要額 $C+I+G$ の大きさに等しいと考えるこ
とができる。すなわち，均衡国民所得は消費 C と民間投資 I，政府支出 G の
関数関係とその値が決定されることによって，次の（2.8）式から決定される。

　　$Y = C+I+G$ 　　　　　　　　　　　　　　　　　　　　　　(2.8)

《線形消費関数の場合》

いま，$c=$ 限界消費性向，$d=$ 基礎消費額，$T=$ 租税額とすると線形の消費
関数は次の（2.9）式のように表される。

　　$C = c\,(Y-T)+d$ 　　　　　　　　　　　　　　　　　　　　(2.9)

いま，利子率は一定で不変であり，企業家の将来期待は一定の状態であるとすると民間投資の大きさは一定不変（I_0）である。同様に政府支出の大きさを所与である（G_0）とすると，国民所得は次の（2.10）式のように表される。

$$Y = c(Y-T) + d + I_0 + G_0 \tag{2.10}$$

基礎消費額 d と民間投資額 I_0 と政府支出額 G_0，租税額 T の値がそれぞれ決定されると，均衡国民所得は次の（2.11）式のように決定される[1]。

$$Y = \frac{1}{1-c}(d + I_0 + G_0 - cT) \tag{2.11}$$

3.2 ケインジアン・クロス

図2.2は**ケインジアン・クロス**による均衡国民所得の決定を説明したものであり，**サミュエルソンの「45度線の理論」**とも呼ばれる。図の点 E はケインズの有効需要によって決定される国民所得である。また，新古典派経済学においてはマクロ経済の均衡点であると説明される。Y_E は均衡国民所得を表している。

図2.2において縦軸に総需要の大きさを，横軸に国民所得の大きさをとり，政府支出も民間投資も横軸に平行な曲線として描かれる。民間消費と民間投資，政府支出の合計である総需要曲線 $C + I + G$ 線は限界消費性向の値 c の傾きを持った右上がりの直線で表される。

この総需要曲線と45度線が交わる点 E で，生産物市場は均衡し総需要（$C + I + G$）と総供給 Y が等しくなることから，この E 点において均衡国民所得水準 Y_E が決定されるのである。

ここで政府支出の大きさ G は政策変数であり，モデルにおいては政策パラメーターである。また，民間投資 I は国民所得水準から独立に所与の値で決定されると考える。

---

[1] （2.10）式を Y の項目を左辺に集めると，$(1-c)Y = c-T + d + I_0 + G_0$ となる。これを、Y について表すと，（2.11）式が導出される。

図 2.2 ケインジアン・クロス（均衡国民所得の決定）

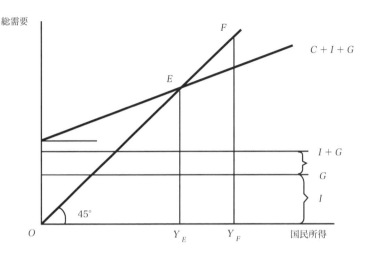

均衡国民所得 Y_E は，消費と投資と政府支出の合計である有効需要よって決定され，完全雇用所得 Y_F よりも低い水準に留まる傾向がある。この生産物市場の安定条件は限界消費性向が1よりも小さいことである。

3.2.1 ケインジアン・クロスの安定条件

このケインジアン・クロスの安定条件は，社会全体の限界消費性向が1よりも小さいことである[2]。いま，生産物市場において，数量調整を仮定して，α を調整係数とすると，次の (2.12) 式のように表すことによって，安定条件を次のように求めることができる。

$$\dot{Y} = \alpha \ (C + I + G - Y), \qquad \alpha > 0 \qquad (2.12)$$

$$\frac{\partial \dot{Y}}{\partial Y} = \alpha \ (\frac{\partial C}{\partial Y} - 1) < 0$$

すなわち，生産物市場の安定条件は限界消費性向 $\frac{\partial C}{\partial Y}$ が1よりも小さいことである。

---

[2] この安定条件は，総需要曲線が総供給曲線を意味する45度線を左下から右上に切ることであると説明される。

この（2.12）式は，生産物市場における次のような調整過程として説明される。

いま，経済が均衡国民所得 Y_E よりも高い国民所得水準である場合には，総需要量が総供給量よりも少ないために，企業には売れ残りの**「意図しない在庫」**（unintended inventory）が発生するために，企業は生産量を縮小し雇用量を縮小して，この「意図しない在庫」がなくなる「適正な在庫水準」まで経済活動を縮小することが説明されるのである。

また，経済が均衡国民所得 Y_E よりも低い国民所得水準である場合には，総需要量が総供給量よりも多いために，生産物市場において超過需要が発生しており，企業にとっては**「在庫不足」**が発生するために，企業は生産量を拡大し雇用量を増大して，この「在庫不足」がなくなる「適正な在庫水準」まで経済活動を拡大することが説明されるのである。このような調整過程を通じて経済は均衡国民所得 Y_E に到達すると説明されるのである。

3.2.2　ケインジアン・クロスとその安定条件の問題点

この節における生産物市場の安定条件の説明は，新古典派経済学的な市場原理を前提とした説明である。これは本書の第 1 章「有効需要の理論」において説明した「ケインズ経済学」における有効需要の「安定条件」とは別の議論であることに注意しなければならない。なぜならば，ケインズは企業家の主体的均衡の集計としての有効需要決定とその安定条件を説明しているからである。

これに対して，新古典派経済学的なマクロ・モデルにおいては，企業家の期待とは独立した消費者の主体的均衡状態の存在を仮定して，需要供給分析による市場原理を背景とした「在庫調整」モデルとして，その調整過程の「安定条件」を説明しているのである。このような分析においては「ケインズ的均衡」は「ワルラス的均衡」とは同一の均衡状態であるかのように説明することになり，有効需要の不足によって発生する「非自発的失業」の存在をともなう「ケインズ的経済均衡」が説明できないことになるのである。

3.2.3 インフレギャップとデフレギャップ

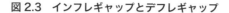

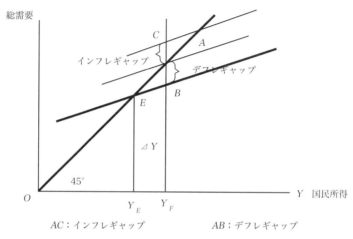

いま，Y_F を完全雇用所得とすると，現在の有効需要の水準 Y_E では AB の幅の有効需要が不足しており，非自発的失業が発生していることが説明される。この幅を**「デフレギャップ」**という。これとは反対に完全雇用水準において有効需要が超過している場合（AC の幅）は**「インフレギャップ」**と呼ばれ生産物市場に超過需要が発生して，インフレ圧力が存在することを表している。

この「デフレギャップ」を解消し，失業を減少させるためには，ケインズ的な有効需要拡大政策が有効であると説明される。

4. 乗　　数

4.1 ケインズ乗数

乗数（multiplier）の概念は「R. F. カーン氏の論文『国内投資の失業に対する関係』"The Relation of Home Investment to Unemployment", June 1931 によって始めて経済理論の中に導入された」と J. M. ケインズは『雇用・利子および貨幣の一般理論』の中で述べている。ここで，カーン氏の乗数は「雇

用乗数」であり，ケインズの乗数とは若干異なるものである。

ケインズの乗数とは，消費性向が与えられた場合，総雇用，および総所得と投資量との間に厳密な関係を樹立するものである。

いま，$c = \dfrac{dC_w}{dY_w}$ を限界消費性向とし，$\varDelta C_w$ が消費の増分，$\varDelta I_w$ が投資の増分であるとすると，次の式が成立する。

$$\varDelta Y_w = \varDelta C_w + \varDelta I_w = c\,\varDelta Y_w + \varDelta I_w$$

$$(1-c)\,\varDelta Y_w = \varDelta I_w$$

$$\varDelta Y_w = \frac{1}{1-c}\varDelta I_w = k\,\varDelta I_w$$

ケインズはこの $k\,(=\dfrac{1}{1-c}\,)$ を**投資乗数 (investment multiplier)** と呼び，総投資が増加した場合，所得は投資増分の k 倍の大きさだけ増加することを示している。ここで，$1 - \dfrac{1}{k}$ は限界消費性向に等しい 。

ケインズはこの投資乗数の考え方を利用して公共事業増大の効果が経済全体に及ぼす効果として**ケインズ的財政乗数**を議論した[3]。

この乗数効果を，**財政乗数**として説明するためには，「公共事業の増大が他の方面における投資の減少によって相殺されないということ[4]。そしてまた，もちろんのことだが社会の消費性向にそれと結びついた変化がない[5]ということを想定しなければならない」(J. M. ケインズ著，塩野谷祐一訳『一般理論』，p.118) [6]，として，J. M. ケインズは次のような条件を『一般理論』の「第10章限界消費性向と乗数」において説明している。

---

[3]　ここで，**ケインズ的財政乗数**という用語は，この節以後に説明するケインズ的ではない**新古典派経済学的マクロ・モデル**によって使用される**財政乗数**と区別するために使用している。

[4]　財政政策によって金融市場において「クラウディング・アウト」が生じないということである。

[5]　経済全体において，財政政策の影響として所得分配や消費性向に影響を与えないという仮定である。

[6]　カーン氏の論文では雇用乗数が単純にあてはめられないケースとして次のような可能性を議論している。すなわち，「政府が10万人を新しく公共事業のために雇用し，(雇用) 乗数が4である場合，総雇用が40万人だけ増加すると想定することは正確ではない。なぜならば，新しい政府は他の方面における投資に不利な影響を及ぼすことがあるからである」(J. M. ケインズ著『一般理論』p.118)。

50

1. 「その政策の資金調達方法と雇用増加およびそれと結びついた物価上昇によって必要とされる活動資金の増加とは，通貨当局が逆の政策を採用しない限り，利子率を高め，したがって他の方面における投資を阻止する効果を持つことがある。他方それと同時に，資本財の費用の増大は民間投資に対する資本の限界効率を引下げ，これを相殺するためには利子率が実際に下落することが必要である」。

すなわち，財政政策によって金融市場において民間資金需要が押し出されるような**「クラウディング・アウト効果」**が発生しないようにするための政策がともなうことが必要であると説明しているのである。

2. 「混乱した心理状態がしばしば広く支配するために，政府の計画は**「確信」**への影響を通じて**流動性選好**を増大させ，あるいは**資本の限界効率**を低めることがある。このこともまた，それを相殺する方策が取られない限り，他の投資を阻止することになろう」。

すなわち，財政政策によって影響を受ける流動性選好＝貨幣需要と資産選択への影響から発生する政策の意図とは逆の効果が発生しないように考慮した政策のコンビネーションが重要であることを説明しているのである。

3. 「外国貿易を含む開放体系においては，増加した投資の乗数部分が外国における雇用の利益に帰することがある。なぜならば，増加した消費の一部分はわが国の貿易収支の黒字を減少させ，したがって，世界の雇用だけではなくて国内の雇用に対する効果のみを考察する場合には，乗数全体の値を減らさなければならないからである。他方において，わが国は，外国の経済活動を増加させる外国の乗数の作用を通じて有利な影響を受け，それによってこの漏出の一部分を取り戻すことができる」。

J. M. ケインズは，乗数過程において，限界消費性向は一定不変ではなく，普通は雇用が増加するにつれ，また，実質所得が上昇するにつれて漸時減少していくこと。それ故に乗数を修正する作用が働くことを注意している。

①雇用の増加は短期における収穫逓減の効果のために，総所得のうちの企業者に属する部分を増大させる傾向があり，彼らの限界消費性向は社会全体の平

均よりも低い傾向があるだろうため，社会全体の限界消費性向は低下し，乗数の値が大きくなる傾向がある。

②失業は自分や友人の貯蓄あるいは政府の公的扶助によって賄われるため，負の貯蓄と結びつく可能性が強いために，再雇用が行われると経済全体の負の貯蓄行動が次第に減少し，したがって限界消費性向は急激に引き下げられる可能性があるために，乗数の値は小さくなる可能性があること。

このように限界消費性向とそれ故に乗数値は，乗数過程において変化するものであるから，「大きな変化を観察する場合には，当該範囲における限界消費性向の平均に基礎を置く乗数の平均値を用いなければならない」のである。

4.2 財政乗数と租税乗数

以下の節においては，ケインズの乗数理論を種々の方面に展開した新古典派経済学的なマクロ・モデルにおける諸乗数の効果について説明する。これらの議論の過程において，前節で説明したように消費性向と乗数値は分析の期間において安定的であり，他の条件は影響を与えないと仮定されている[7]。

4.2.1 線形消費関数と定額税の場合

線形の消費関数で定額税を前提とする場合，(2.13) 式を利用して，財政政策・租税政策等のマクロ経済政策の効果について説明することができる。

$$Y = \frac{1}{1-c}\ (d + I_0 + G_0 - cT) \tag{2.13}$$

【財政乗数】

この (2.13) 式を政府支出 G で微分すると，次の (2.14) 式が導出される。

---

[7]　乗数分析が成立するためのこのような**ケインズ的仮定**にもかかわらず，経済政策実施以前の古い均衡値から経済政策実施以後の新しい均衡値への移動という「比較静学的」な分析方法による乗数の説明には誤りがあると考えられる。なぜならば，ケインズ的均衡は「企業家」の「期待」とその「確信」によって決定される均衡であり，新古典派経済学が前提とする市場における「需要」と「供給」のバランスから自動的に到達される「市場原理」にもとづくワルラス的均衡ではないからである。

$$\frac{dY}{dG} = \frac{1}{1-c} \tag{2.14}$$

すなわち,政府の赤字財政政策 ΔG は国民所得水準を変化させることが説明されるのである。この (2.14) 式の関係「1 マイナス限界消費性向分の 1」は**「ケインズ乗数」**あるいは**「財政乗数」**と呼ばれ政府支出の変化が所得水準を変化させることができると考えるのである。

【定額税の租税乗数】

(2.13) 式を政府の租税収入 T で微分すると,次の (2.15) 式が導出される。

$$\frac{dY}{dT} = \frac{-c}{1-c} \tag{2.15}$$

政府の租税額の変化(増税 or 減税)が所得水準に与える影響(低下 or 上昇)である。

4.2.2 定率税の乗数

【定率税の財政乗数】

また,定率税を前提とする場合には (2.10) 式に (2.7) 式を代入して,次

図 2.4 均衡国民所得の決定と財政乗数

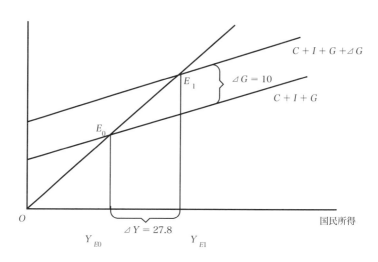

の (2.16) 式を導出することができる。

$$Y = C\left((1-t)Y\right) + I_0 + G_0 \tag{2.16}$$

いま，民間投資が財政収支の影響を受けないと仮定すると，政府支出の増大がマクロ経済へ与える影響は，(2.16) 式を政府支出 G で微分することによって，次の (2.17) 式のように財政乗数が導出される。

$$\frac{dY}{dG} = \frac{1}{1-(1-t)c} > 0 \tag{2.17}$$

いま，限界消費性向が 0.8，税率が 0.2 のとき，この財政乗数は 2.78（＝ 1/ (1−0.2) ×0.8）＝ 1/0.36 ≒ 2.78）である。

【定率税の租税乗数】

平均税率の変更⊿ t がマクロ経済へ与える影響は，(2.18) 式のように租税乗数が導出される。

$$\frac{dY}{dt} = \frac{-cY}{1-(1-t)c} < 0 \tag{2.18}$$

すなわち，増税（税率の上昇）は有効需要を減少させ，減税（税率の低下）は有効需要を増加させることが説明される。

4.3 均衡財政政策

政府支出または税制を適当な方向に変化させることによって有効需要の調整を実現しようとするのが補正的財政政策の基本である。たとえば，有効需要の拡大が望ましい場合には，①税率または税収を不変として政府支出を増加させるか，②政府支出を不変として税率を低下させるかあるいは税収を減少させるか，あるいは，③これら 2 つの方法を併用する政策によって目的を達成することができるのである。

また，有効需要の抑制が望ましい場合には，①税率または税収を不変として政府支出を減少させるか，②政府支出を不変として税率を上昇させるかあるいは税収を増加させるか，あるいは，③これら 2 つの方法を併用する政策によっ

54

て目的を達成することができるのである。

　次に，政府支出の増加が税収の増加によって賄われる均衡財政の場合について考える。この場合には $G = T$ であるから，$\varDelta G = \varDelta T$ である。これを整理すると，次の（2.19）式のように表すことができる。

$$\varDelta Y = \frac{1}{1-c} \ \varDelta G + \frac{-c}{1-c} \ \varDelta T = \frac{1}{1-c} \ \varDelta G + \frac{-c}{1-c} \ \varDelta G = \varDelta G$$

$$= \varDelta T \tag{2.19}$$

　すなわち，民間投資が財政状態に影響を受けないという仮定のもとでは，政府支出の増加はそれと等しい額だけ国民所得を増加させることが説明されるのである。これは「均衡財政支出の乗数効果は1に等しい」と表現され，**「均衡予算定理」**（balanced-budget theorem）として知られている。

4.4　貿易乗数

　国際貿易を考慮したオープン（開放体系）マクロ・モデルにおいて，$X =$ 輸出額，$IM =$ 輸入額（外貨建て），$e =$ 邦貨建て為替相場とすると，生産物市場の均衡条件は，次の（2.20）式のように表される。

$$Y = C \ (Y) \ + I \ (r) \ + G + X \ (e) \ -eIM \ (e, \ Y) \tag{2.20}$$

　輸入関数は所得の増加関数であり，$m =$ 限界輸入性向，$n =$ 基礎輸入額とすると輸入関数は次の（2.21）式のように表される。

$$M = mY + n \tag{2.21}$$

　いま，為替相場と利子率が一定不変であり，基礎消費額と投資額と政府支出額と輸出額，基礎輸入額のそれぞれの値が決定されると，国民所得は次の（2.22）式のように決定される[8]。

$$Y = \frac{1}{1-c+em} \ (d + I_0 + G_0 + X_0) \tag{2.22}$$

---

[8]　（2.21）式を（2.20）式に代入して整理すると，$Y = cY + d + I_0 + G_0 + X_0 - en - emY$ であるから，これを整理すると（2.22）式が導出される。

第 2 章 国民所得決定と乗数理論　55

図 2.5　貿易乗数

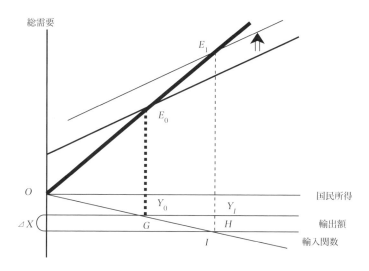

　図 2.5 において，横軸は国民所得の大きさであり，縦軸下方には輸出額と輸入額を表している。いま，輸出額は海外の景気水準に依存することからこの経済の国民所得の大きさからは独立であり一定不変であるとする。この経済の輸入額は国民所得の増加関数であるから，輸入関数は右下に向かって直線で描かれている。

　輸入関数と輸出関数の交点 G は輸出額と輸入額が等しいこと，すなわち，この経済の対外均衡状態を表しており，国民所得が Y_0 のとき対外均衡が実現されていることを示している。

　いま，外生的な要因でこの経済の輸出が $\varDelta X$ 増加したとすると，貿易収支は HI の幅だけ黒字となり，この経済の均衡点は点 E_0 から点 E_1 に移動し，国民所得は Y_0 から Y_1 へ増加する。

　貿易乗数は (2.22) 式を輸出額 X で微分することによって (2.23) 式のように導出される。ここで，為替相場は一定所与（$e=1$）であると仮定している。

$$\frac{dY}{dX} = \frac{1}{1-c+m} \tag{2.23}$$

《財政政策と貿易収支》

いま，国内の景気刺激のために財政政策を行うと国民所得を Y_F に増加させ失業率は低下するが，輸出額が不変（$\triangle X = 0$）のもとで国内の景気拡大に対応して輸入が増加する（$\triangle M = m \triangle Y$）ために対外収支（＝貿易収支）を HI の幅だけ悪化させることが説明される。

$$\triangle Y = \frac{1}{1-c+m} \ \triangle G \tag{2.24}$$

$$\triangle T = \triangle X - \triangle M = 0 - m \triangle Y = - \frac{1}{1-c+m} \ \triangle G \tag{2.25}$$

輸出の増加は有効需要を増加させ国民所得を増加させることが説明される。いま，(2.22) 式を輸出額 X について微分すると輸出の増加に対する国民所得の増加の影響を (2.26) 式のように知ることができる。

$$\triangle Y = \frac{1}{1-c+m} \ \triangle X \tag{2.26}$$

この 1 マイナス限界消費性向（c）プラス限界輸入性向（m）分の 1，あるいは，限界貯蓄性向（s）プラス限界輸入性向分の 1 は**貿易財政乗数**と呼ばれる。いま，限界消費性向が 0.8 であり，限界輸入性向が 0.05 ならば貿易乗数は 4 である（1/ (1−0.8 + 0.05) ＝ 1/0.25 ＝ 4 ）。

4.5 超 乗 数

投資関数が景気感応的であることを想定すると所得水準の変動に対して民間の投資水準は変化すると考えられる。このように民間投資の所得水準に対する変化の仕方を考慮した乗数を「超乗数」という。いま民間投資の誘発投資の大きさを I，その水準の景気に対する感応度を v とし，独立投資を I_0 とすると，国民所得水準の大きさは次の (2.27) 式のように決定される。

$$Y = C + I + G = cY + b + vY + I_0 + G_0$$

$$Y = \frac{b + I_0 + G_0}{1 - c - v} \tag{2.23}$$

【超乗数】 $\quad \varDelta Y = \dfrac{1}{1 - c - v} \varDelta I \tag{2.27}$

　このように民間投資の有効需要への影響は独立投資の乗数効果だけではなく，誘発投資の影響も考慮しなければならないことから，日本の高度経済成長期のような投資が投資を呼ぶ「超乗数」として説明されるのである。

第 3 章

消費関数論争

1. ケインズの消費関数

1.1 ケインズの消費関数

ケインズは有効需要の理論において,「雇用量は総供給関数が総需要関数と交わる点において決定される」と説明した。ここで,「総需要関数は, 任意の雇用水準をその雇用水準から実現すると期待される「売上金額」に関係づけるものである」(p.89)。この「売上金額」を決定するものは, 消費のために向けられる支出（消費関数）と投資のために向けられる支出（投資関数）の合計から成っているのである。

この消費のために向けられる支出について説明するために, ケインズは消費関数について論ずるのである。すなわち,「雇用が一定水準にあるとき, どれだけの額が消費のために支出されるかを決定することがわれわれの問題であるから,・・・消費の大きさCを雇用量Nに関係づける関数関係を観察しなければならない」(J.M. ケインズ著『雇用・利子および貨幣の一般理論』, p.90, ケインズ全集7巻, 1994 年, 東洋経済) のである。しかし,「それとはやや異なる関数, すなわち賃金単位の消費 (C_w) を, 雇用水準 (N) に対応する賃金単位表示の所得(Y_w)に関係づける関数によって議論する方が一層便利である。」(前掲書, p.90)

すなわち,「賃金単位表示の任意の所得水準 Y_w, その所得水準からの消費支出 C_w との間の関数関係 χ として」, ケインズは消費関数を次のように定義するのである。すなわち, 賃金単位の消費 C_w は賃金財で測った所得 Y_w の増加

関数であり，次の（3.1）式のように説明される。

$$C_W = \chi\ (Y_W)\ \ \text{，または，}\ C = W\chi\ (Y_W) \tag{3.1}$$

ここで，賃金財とは「貨幣賃金の効用がその価値に依存している諸財」である。すなわち，労働者が受け取って支出する諸財の効用で測られる価値である。社会が消費のために支出する額は，「(1) 一部はその所得に，(2) 一部は他の客観的な付随的諸条件に，(3) 一部は社会を構成する個々人の主観的な必要，心理的な性向，習慣，及び所得が個々人の間に分配される仕方を支配する原理に依存する。」(前掲書, p.90) とケインズは説明している。ケインズの経済変数は全て，賃金財価格 W で評価された実質単位である。また，この関数において限界消費性向は $\dfrac{C_W}{Y_W}$ と表されるのである。

ここで，Y_W は実質国民所得であり，一定の雇用量 N から生み出される経済全体の付加価値額の総計であるから次の（3.2）式のように表される。

$$Y_W = Y_W\ (N) \tag{3.2}$$

ここでケインズは，マクロ生産関数は存在しないという立場であり，「有効需要の理論」から説明すると，有効需要の大きさが生産額 Y_W を決定し，その生産額に必要な労働者 N が雇用されるという意味では，この（3.2）式は次の（3.3）式のように考える方が説得的である。

$$N = N\ (Y_W) \tag{3.3}$$

（3.2）式を（3.1）式に代入すると，実質消費額 C_W は雇用量 N の増加関数であることが次の（3.4）式のようにして説明される。

$$C_W = \chi\ (Y_W) = \chi\ (Y_W\ (N)),\ \chi'\ (Y_W) > 0,\ Y_W'\ (N) > 0 \tag{3.4}$$

すなわち，ケインズの消費関数においては，雇用量 N の増加が実質国民所得 Y_W の増加を通じて実質消費額 C_W を増加させるのである。

《日本経済と賃金財消費額》

日本の世帯数は，2016年で，約5,000万世帯であり，1世帯平均2.5人である。ここで，国民所得が500兆円，消費額が300兆円の日本経済は，5千万家族の生活費用（W）が1年間に平均500万円（＝300兆円÷6千万家族）で生活

することが可能である経済であるということを意味しているのである。

《ケインズ経済学からの警告》

このような雇用量Nと実質消費額C_Wとの安定的な関係を説明するケインズの消費関数は，この章で概観する消費関数論争を通じて，やがて，消えていくことに注意しなければならない。すなわち，雇用量Nの増加が伴わない消費額Cの増加が国民所得Yの増加によってもたらされる消費関数が議論され始めるのである。このような扱いは所得分配の大きな偏りとなって現れる戦後の資本主義経済において種々の問題を残すのである。

1.2　ケインズ的消費関数

次の，新古典派経済学的な解釈によるケインズ的消費関数の導出について説明する。ここで，実質国民所得は，名目所得額Yを賃金財価格Wで割って実質化した価値であるから，消費額を名目価格で評価すると（3.1）式のケインズの消費関数は，次の（3.5）式のようにケインズ的な消費関数として表されるのである。

$$C = W\chi\ (Y_W) = C\ (Y), \quad C\ (0)\ > 0, 0 < C'\ (Y) < 1 \qquad (3.5)$$

新古典派経済学においては，（3.5）式の変数を物価水準（GNP デフレータ）で除することによって，実質変数間の消費関数として考察するのである[1]。

$C\ (0)\ > 0$は基礎消費が正であることを示している。このことは国民所得がゼロのときの消費の大きさを表しているのではなく[2]，所得の大きさの変化に影響を受けない消費の大きさであるということを意味している。$0 < C'(Y) < 1$は限界消費性向が正で1より小さいことを示している。

ここで，消費関数として重要な要素は，ケインズは限界消費性向，つまり

---

[1]　しかし，ケインズの賃金財単位と新古典派の単位の相違は雇用量と労働者の生活水準に関する値にその想いが異なるのである。

[2]　国民所得が1年間ゼロであるということは，経済全体の国民が全員所得が無く餓死しているということを意味しているのである。

追加的な所得のうち消費される金額はゼロと1の間であることを消費関数の1つの性質として残すことであった。これは，人は所得を余分に稼ぐと，そのいくらかを消費して，残りを貯蓄するというものである。

ケインズ的消費関数の第二の性質として，所得は消費の第1の決定要因であり，利子率は重要な役割を果たさないことであるから[3]，(3.5) 式には利子率は登場しないと想定しているのである。

1.3　経験的事実

上の説明より，ケインズ以後の経済学者たちはケインズ的消費関数について，いろいろな検証を行った。

その結果，ケインズの消費関数はミクロ経済学的な意味で消費者行動の良い接近法であることが説明された。そして，限界消費性向と平均消費性向については正しい推論であることが実証された。

家計調査の結果，高い所得の家計がより多く消費すること。つまり限界消費性向がゼロより大きいこと。また高い所得の家計がより多く貯蓄すること。そして限界消費性向が1よりも小さいこと，さらに，高い所得の家計は彼らの所得のより大きな部分を貯蓄することを発見した。すなわち，所得の上昇は平均消費性向を下落させることが説明されたのである。

また，経済全体のマクロ経済学的な意味では，2つの世界大戦の間の時代における消費と所得の集計されたデータが検証された。大恐慌の時代のように，所得が低かった年には，消費と貯蓄の両方は低く，限界消費性向はゼロと1の間であることを示していた。低所得の不況の期間，所得に対する消費の率は高かった。すなわち，所得と消費の間の関係は非常に強く，消費を説明するためには所得以外には重要な他の変数は現れなかったのである。

---

[3]　ケインズは「利子率は，理論的には，消費に影響を及ぼすこと」を認めていた。しかし，「私が考える，経験によって導き出された主たる結論は，所与所得からの個々人の支出における利子率の短期における影響は二次的であり，相対的に重要ではない」としたのである。

第3章　消費関数論争　*63*

2.　観察された事実

2.1　サイモン・クズネッツの発見

　サイモン・クズネッツ（Simon Smith Kuznets, 1901 〜 1985）によって，ケインズの消費関数について2つの例外が発見された。所得が上昇すると平均消費性向は下落するという事実についてである。次の表3.1はS.クズネッツが発表した数値である。

表 3.1　10年間移動平均に見られる平均消費性向の趨勢
アメリカ合衆国，1869-1938

	国民所得	消費支出	平均消費性向	1人当たり国民所得
1869-75	9.3	8.1	0.9	215.0
1874-83	13.6	11.6	0.9	278.0
1879-88	17.9	15.3	0.9	326.0
1884-93	21.0	17.7	0.8	344.0
1889-98	24.2	20.2	0.8	357.0
1894-03	29.8	25.4	0.9	401.0
1899-08	37.3	32.3	0.9	458.0
1904-13	45.0	39.1	0.9	502.0
1909-18	50.6	44.0	0.9	517.0
1914-23	57.3	50.7	0.9	546.0
1919-28	69.0	62.0	0.9	612.0
1924-33	73.3	68.9	0.9	607.0
1929-38	72.0	71.0	1.0	572.0

Simon Kuzunets, National Product Since1869, New York;NBER, 1946

　また，次の図3.1はS．クズネッツの表3.1を横軸国民所得，縦軸消費水準として，図示したものである。

　第2次世界大戦の間中の予測について，ケインズの消費関数に基づいて予測すると，国民所得が増加すると，家計の国民所得に対する消費額の割合が低下し，消費が減少し貯蓄が増大するはずである。第2次世界大戦後の経済復興期において，国民所得の増大とともに貯蓄の増大が予測されたのである。この貯蓄の増大を吸収するのに十分な投資計画がないことを恐れた経済学者は，消

費の低迷を招き経済は景気後退し，長期停滞になると予言したのである。しかし，第2次世界大戦後，経済は不況に突入せず，国民所得は以前よりも増大したのである。国民所得水準が高くなったにもかかわらず，貯蓄率は上昇せず，平均消費性向の下落も生じなかったのである。

サイモン・クズネッツが1869年にまで遡って消費と所得の新しい集計データを調べたときに，所得に対する消費率は，所得の大幅な上昇にもかかわらず，10年間単位で極めて安定していたのである。すなわち，ケインズ的消費関数で説明される，国民所得が上昇すると平均消費性向が下落するという関係は当てはまらないことが説明されたのである。

長期停滞仮説の失敗とこのクズネッツの発見は，平均消費性向は長期間の一定の状態であることを説明したのである。

このようにして，サイモン・クズネッツは，長期消費関数の平均消費性向がほぼ一定であること（消費関数がほぼ原点を通過する）。すなわち，長期消費関数の傾き（限界消費性向）の方が，短期消費関数の傾きよりも大きくなることを発見したのである。

すなわち，ケインズ的な消費関数について，家計のデータと短期の研究にお

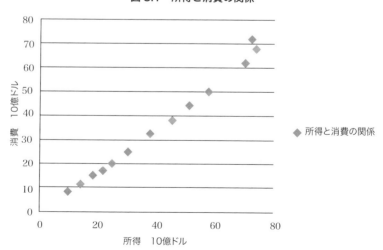

図3.1　所得と消費の関係

いては充分に説明力があるにもかかわらず，長期においてはなぜ説明力が無いのかという問題が発生したのである。

2.1.1　消費関数についての3つの性質

　以上説明したように，第2次世界大戦後のアメリカ経済において，ケインズ的な消費関数は説明力を失ったかのような現象が生じたのである。

　戦後の消費関数の論争を通じて，消費関数については，次の3つの性質を備えるべきことが明確になった。

①消費に関する所得概念は，消費者の所得から租税や社会保険料を差し引いた「可処分所得」でなければならないこと。

②消費や可処分所得は名目値ではなく，適当なデフレータでデフレートした実質消費や実質所得でなければならないこと。

③集計的消費や集計的所得は，価格変動に対して修正されるだけではなく，人口や世帯数に対しても修正された，1人当たり消費や所得でなければならないこと。

2.1.2　消費関数についての3つの事実

　また，消費関数論争においては，次の3つの事実を満たしていることが重要となった。

①クズネッツの1869-1929年の時系列やゴールドスミスの資料によると，平均貯蓄（消費）性向は長期的には不変あるいは安定していたという事実。

②家計調査等のクロス・セクションデータによって，貯蓄性向を異時点間で比較すると経済が成長して社会全体の実質所得水準が高くなるにつれてそれが下方にシフトし，同一の実質所得水準に対応する平均貯蓄性向が時点によって異なるという事実。

③国民所得統計の比較的短期の時系列データによるとケインズ型消費関数は比較的よくあてはまり，平均貯蓄性向は実質所得水準の上昇とともに上昇するという事実。

2.2 ケインズ的消費関数の問題；絶対所得仮説

ケインズ的な消費関数は絶対所得仮説 (absolute income hypothesis) にもとづく消費関数である。すなわち，①経常消費 C と経常所得 Y との間の安定的な関数である。そして，②このケインズ的な短期消費関数の特徴は，独立消費（基礎消費）が正であるので原点を通らないこと。また，③限界消費性向は1より小さいので，平均消費性向は所得が増えるにつれて逓減すること。である。

すなわち，景気回復期には，消費性向が低下し，景気後退期には，消費性向が上昇すると説明されるのである。

しかし，先に説明したクズネッツの発見以来，景気の変動によって消費性向はケインズ的短期消費関数の説明は満たすものの，長期消費関数においては消費性向が一定で安定的であることが示されたのである。

次の図3.2は，クズネッツの発見を説明する図である。いま，経済が Y_1 の位置にあるとする。経済が成長するときには，長期消費関数上を移動するが，景気後退期には短期消費関数上を移動するのである。

すなわち，国民所得が Y_1 から Y_0 へ減少するときは短期消費関数上を点1から点2に向かって移動するのである（ラチェット・エフェクト；「歯止め効果」[4]）。

図3.2 長期停滞論と消費関数
第2次世界大戦後、需要不足発生の懸念

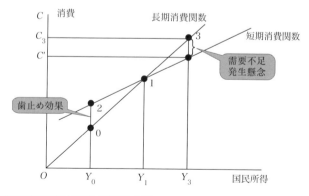

---
[4] 本章の3.2節で説明される。

第 3 章　消費関数論争　*67*

景気が良くなった時には，長期消費関数上を移動するために，点 1 から点 3 へ向かって移動するのである。第 2 次世界大戦後の経済復興期には，国民所得が増加して Y_3 になった時には，消費量は短期消費関数上の C' ではなく，長期消費関数上の C_3 に増加したので，戦後の「需要不足の懸念」は無駄となったことが説明されたのである。

2.3　絶対所得仮説

ケインズ経済学的な消費関数は絶対所得仮説（absolute income hypothesis）に基づく消費関数である。いま，C を実質消費，Y を実質国民所得，A を実質基礎消費，c を限界消費性向とすると，線形消費関数として次の（3.6）式と（3.7）式ように説明される。

$$C = cY + A \tag{3.6}$$

$$\frac{C}{Y} = c + \frac{A}{Y} \tag{3.7}$$

このケインズ的消費関数が安定的であるならば，消費性向は景気回復期（$\Delta Y < 0$）には低下し，景気後退期 ($\Delta Y > 0$) には上昇することが説明される。しかし，消費性向は長期的には一定であることは説明されていないのである。景気の段階によって消費性向・貯蓄性向が変動し，しかも長期的には安定的な消費性向と貯蓄性向を説明する消費関数の議論が必要となったのである。

このような 3 つの性質を備えて，3 つの事実を矛盾なく説明する消費関数を導出する議論の中で，次に説明するような，相対所得仮説，流動資産仮説，恒常所得仮説，ライフ・サイクル仮説等の消費関数の議論が現れたのである。

3. 相対所得仮説

3.1 モディリアーニの平均貯蓄性向関数 [5]

相対所得仮説（relative income hypothesis）[6] は，消費あるいは貯蓄は絶対所得に依存するのではなく，過去の最高所得水準と他の家計や社会全体の消費水準に依存して決定されると説明するのである。

モディリアーニ（Franco Modigliani;1918 ～ 2003）は，長期的貯蓄性向と短期的貯蓄性向を区別するために循環的所得の指標として$\dfrac{Y-Y^{MAX}}{Y}$を定義した。ここで，Y^{MAX}は過去における最高所得水準を示している。

すなわち，モディリアーニの平均貯蓄性向関数は次の（3.8）式のように表される。

$$\frac{S}{Y} = \alpha_0 + \alpha_1 \frac{Y-Y^{MAX}}{Y} \tag{3.8}$$

（3.6）式の平均貯蓄性向関数から（3.9）式のように平均消費性向関数も導出することができる。

$$\frac{C}{Y} = 1 - \frac{S}{Y} = (1 - \alpha_0 - \alpha_1) + \alpha_1 \frac{Y^{MAX}}{Y} \tag{3.9}$$

この平均貯蓄性向関数と平均消費性向関数から，次のようなことが説明される。

①所得が定常状態である場合には，第2項はゼロになり，平均貯蓄性向はα_0の定常状態である。

②好況局面では，$Y - Y^{MAX}$は正となるから，貯蓄性向が上昇し，消費性向が低下する。

③不況の局面では，$Y - Y^{MAX}$は負になるから，貯蓄性向が低下し，消費性

---

[5]　この相対所得仮説は，F. モディリアーニの下記の論文によって展開された。
　Franco Modigliani,"Fluctuation in the Saving-Income Ratio: A Problem in Economic Forecasting", *Studies Income and Wealth*, Vol.NBER, 1949.

[6]　この相対所得仮説は，時間的相対性と空間的相対性，そして個人間の相対性を同時に論じているのである。

向が上昇する。

3.2 デュゼンベリーの相対所得仮説

デュゼンベリー（J.S.Dusenberry;1918～2009）[7]もまた，貯蓄は経常所得だけではなく，過去の最高所得水準に依存することを次の（3.10）式の形で説明した。

$$\frac{S}{Y} = a\,\frac{Y}{Y^{MAX}} + b \tag{3.10}$$

短期的消費関数は緩やかな勾配となり，長期的消費関数は原点を通る急な勾配になることが矛盾なく説明されるのである。すなわち，好況期には消費が急激に増加するが，景気後退期には消費の下落に歯止めがかかり所得の減少よりは小さいことが説明されるのである。この消費の下落に歯止めがかかることをデュゼンベリーは「歯止め効果」（ratchet effect）と呼んだ。

（3.10）式を消費関数で表すと，次の（3.11）式のように表される。

$$\frac{C}{Y} = 1 - \frac{S}{Y} = (1 - b) - a\,\frac{Y}{Y^{MAX}} \tag{3.11}$$

図3.3において，長期貯蓄関数の傾きはb，長期消費関数の傾きは1－bである。短期貯蓄関数の傾きは $\dfrac{a}{Y^{MAX}}$ の分だけ大きくなり，短期消費関数の傾きは $\dfrac{a}{Y^{MAX}}$ の分だけ小さくなるのである。

3.3 デモストレーション効果

デュゼンベリーの消費関数を家計レベルで定式化すると，デモストレーション効果を説明することができる。

いま，Y_i を i 番目の家計の所得とし，Y_{MEAN} を彼の周囲の平均所得とすると，i 番目の家計の消費関数は，次の（3.12）式のように表される。

---

[7]　デュゼンベリーの相対所得仮説は以下の論文によって展開された。
　　J.S.DUESENBERRY, "Income Saving, and the Theory of Consumer Behavior", Harvard Univ. Press 1959

図3.3 デュゼンベリーの相対所得仮説

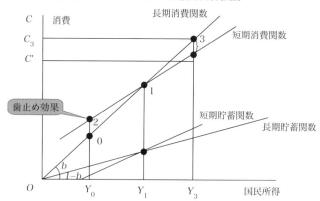

$$\frac{C_i}{Y_i} = a\frac{Y_i}{Y_{mean}} + b \tag{3.12}$$

i 番目の個人の所得が上昇すれば，平均消費性向も上昇する。もしも，個人の所得と周囲の平均所得がともに高くなれば，平均消費性向は不変である。このように周囲の消費水準も考慮に入れて消費を決定するということは，他の家計からデモストレーション効果を蒙るということを説明しているのである。

4. 流動資産化説

J. トービン (J.Tobin;1918～2002)[8] は，相対所得仮説に反対して絶対所得仮説を支持するために，家計の保有する流動資産（現金と預金）の実質残高 $m = \frac{M_H}{P}$ の効果を説明変数として付け加えて，次のような流動資産仮説 (liquid assets hypothesis) に基づく消費関数を，次の(3.13)式のように提示した。

$$C = a + bY + cM \tag{3.13}$$

すなわち，消費の大きさは今期の所得と今期の実質資産の残高に依存すると

---

[8] トービンの流動資産仮説は以下の論文において展開された。J.Tobin, "Relative INCOME, Absolute Income, and Saving", *Money and Economic Growth, Essays in Honor of John Henry Williamsons*, Macmillan, 1951.

図 3.4 流動資産仮説：J. トービン

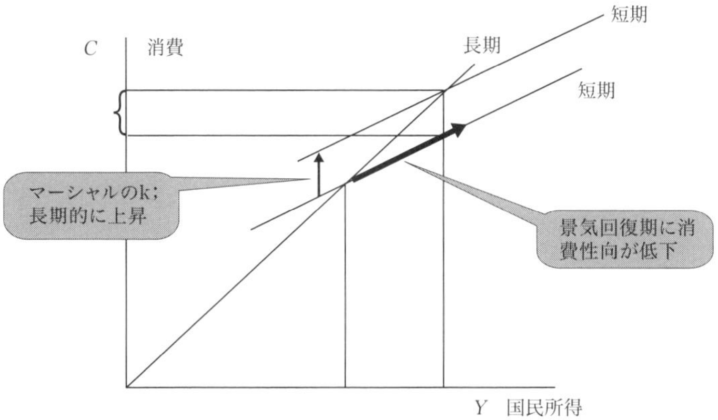

説明したのである。この式の両辺を国民所得の大きさで割ると平均消費性向が次の (3.14) 式のように定義される。

$$\frac{C}{Y} = b + a\frac{1}{Y} + c\frac{M}{Y} \tag{3.14}$$

ここで，b は長期的に安定的な消費性向であり長期平均消費性向である。a は景気回復期に国民所得の増加によって消費性向が低下し，景気後退期に国民所得の減少によって消費性向が上昇する短期消費関数を説明する項である。c は流動資産の割合 $\frac{M}{Y}$ の変化に依存する係数である。これは家計について計算されたマーシャルの k であり，長期的に上昇することが知られているため，この項によって消費性向は長期的に上昇することを説明しているのである。

5. 異時点間の消費計画と貯蓄計画

ここでは，アービング・フィッシャー (Irving Fisher;1867 ～ 1947) の異時点間の消費理論が消費関数論争に与えた影響について簡単に説明する[9]。

家計が消費 C と貯蓄 S の組合せを決定するとき，家計は現在と将来の経済

---

[9] モディリアーニのライフ・サイクル仮説とフリードマンの恒常所得仮説の両方は，アービング・フィッシャーによってより先に提案された消費者行動の理論に依存している。

状態について考慮するはずである。彼らが現在の消費 C_t を増加させれば，将来の消費 C_{t+1} は減少するであろう。この現在消費と将来消費とのトレード・オフの形成において，家計は彼らが将来受け取ることを期待する所得と，彼らが望む財とサービスの消費の組合せを考えなければならないのである。

　フィッシャーのモデルは消費者が直面する制約，彼らが持つ選好，そしていかにしてこれらの制約と選好が一緒に消費と貯蓄についての彼らの選択を決定するのかを描いているのである。

5.1　異時点間の消費計画

　家計は現在と将来にわたる消費の組合せを最適にすることによって得られる効用を最大にするように行動すると考える。すなわち，家計の所得を一定として，異時点間における最適な消費・貯蓄計画問題について考えるのである。

　今期の消費計画額 C_t，来期の消費計画額 C_{t+1} として効用関数を（3.15）式のように表す。

$$U = U \ (C_t, \ C_{t+1}), \quad U_1 > 0 \quad , \quad U_2 > 0 \tag{3.15}$$

　U_1 と U_2 は C_t，C_{t+1} に関する限界効用を示す。効用水準が U_0 において一定不変であるような異時点間の無差別曲線 U_0 を次の（3.16）式のように表す。

$$U_0 = U \ (C_t, \ C_{t+1}) \tag{3.16}$$

　異時点間の消費計画間の限界代替率は，次の（3.17）式のように求められる。

$$- \frac{dC_{t+1}}{dC_t} = \frac{U_1 \ (C_t, \ C_{t+1})}{U_2 \ (C_t, \ C_{t+1})} \tag{3.17}$$

　この異時点間の限界代替率から 1 を引いた値は，今期の消費計画額 C_t と来期の消費計画額 C_{t+1} との間の**「時間選好率」**（異時点間の消費の代替性）を示している。傾きが大きいほど将来財に対する割引率が高く，現在財に対する時間選好率が高いことを表している。

　この 2 期間における異時点間の予算制約条件は，次の（3.18）式によって説明される。

$$Y_t + \frac{Y_{t+1}}{1+r} = C_t + \frac{C_{t+1}}{1+r} \tag{3.18}$$

左辺が二期間の所得総額であり，右辺が二期間の総支出額である。

《異時点間の消費者均衡》

図 3.5 は横軸に現在の所得の大きさ Y_t^0 と消費量 C_t^0 をとり，縦軸に来季の所得の大きさ Y_{t+1}^0 と消費量 C_{t+1}^0 を取った図である。点 E（C_t^0, C_{t+1}^0）は，与えられた所得の組合せ点 F（Y_t^0, Y_{t+1}^0）のもとで，異時点間の無差別曲線の限界代替率（時間選好率）と予算制約式の傾きである 2 財間の相対価格（＝ 1 ＋利子率）が等しい「異時点間の消費者均衡点」である。

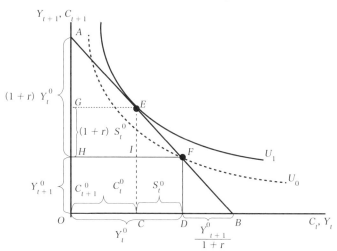

図 3.5　異時点間の消費

このとき，この家計は $IF(=CD=Y_t-C_t=S_t)$ の額を貯蓄し，来期に $IE(=HG=r\times S_t)$ の額を利子として受け取る。

「異時点間の消費者均衡点」においては，「時間選好率」と市場利子率が等しいことが説明されるのである。すなわち，「異時点間の消費者均衡点」においては，次の (3.19) 式が成立する。

$$-\frac{dC_{t+1}}{dC_t} = 1+r \tag{3.19}$$

5.2 利子率の変化と貯蓄関数の導出

今期の所得と来期の所得の組合せが所与のままで市場利子率が変化すると，図3.6のこの家計の異時点間の消費者均衡点の軌跡から貯蓄曲線が市場利子率に反応するかたちで導出されるのである。

消費の最近の功績はこのアービング・フィッシャーの二期間の消費モデルの影響を受けている。このモデルでは，消費者は異時点間の予算制約に直面し，生涯の満足の最高水準を達成するために現在の消費と将来の消費の選択を行うのである。消費者が貯蓄をしたり，貸し出したりできる限りにおいては，消費は消費者の生涯所得に依存することを説明するのである。

図 3.6 異時点間の消費者均衡

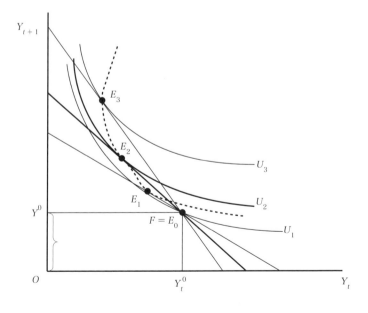

6. ライフ・サイクル仮説（Life - Cycle Hypothesis）

　フランコ・モディリアーニ (Franco Modigliani) [10] とアルバート・安藤とリチャード・ベルムベルグは，人が人生のどの段階にあるのかによって消費の様式が異なることを考慮して，ライフ・サイクル仮説（Life - Cycle Hypothesis）[11] を提唱した。すなわち，人生設計という異時点間の視座を消費関数に導入したのである。

　いま，消費をC，この消費者にとって残った生涯を通じて利用可能な資力をWとすると，ライフ・サイクル仮説に基づく消費関数は次の（3.20）式のように表される。

$$C = cW \tag{3.20}$$

$$W = A_0 + \sum_{n=0}^{T} \frac{Y_{t+n}}{(1+r)^n} \tag{3.21}$$

　ここで，A_0 は前期末から今期に持ち越された資産価値総額，Y_{t+n} は今期以後の生涯に残された期間に受け取ると期待される非資産所得，r は将来時点での所得を現在時点の価値に割引くための利率，Wはその現在価値の合計である。

　家計にとって経済状態を変化させる１つの重要な出来事は退職である。退職後の消費を維持するためには働いている期間に貯蓄しなければならないのである。

　今から L 年間働き，R 年間の老後の生活を見込む家計が，現在 W_0 の富を所有し，毎期所得を Y 稼ぐと見込んでいるとする。もしこの家計が生涯にわたって消費の水準を一定に保ちたいと望むならば消費水準は次のように決定さ

---

[10]　ライフ・サイクル仮説は，以下の論文によって展開された。A Ando and F.Modigliani, "the 'Life Cycle' Hypothesis of Saving: Aggregate Implication and Tests", *American Economic Review*, March, 1963.

[11]　消費関数を研究するためにフィッシャーの消費行動モデルを利用した。フィッシャー・モデルによれば，消費は生涯所得に依存する。消費は構造的に人々の生涯を変化させることと貯蓄は所得が高いときから，所得が低いときまで所得を移動させることを消費者に容認させることを強調した。この消費者行動の解釈は彼のライフ・サイクル仮説の基礎を形成した。

れる。ここで，簡単化のために利子率ゼロであると仮定すると消費額は次の
(3.22) 式のように決定されるのである。

$$C = \frac{W_0 + LY}{L + R} = \frac{1}{L + R}W_0 + \frac{L}{L + R}Y \tag{3.22}$$

いま，この家計が85年生きることを見込み，20歳から45年間働き，退職
期間が20年間と予定しているならば，そのとき $L = 45$, $R = 20$, $L + R =$
65 となり，消費関数は次の (3.23) 式のように表される。

$$C = 0.015\,W + 0.69Y \tag{3.23}^{[12]}$$

この (3.23) 式は，消費は所得と資産の両方に依存していることを説明し
ている。所得の追加的な1万円は6,900円消費を増加させることを，そして
資産の追加1万円は年に150円消費を増加させることが説明されるのである。

図 3.7 は，この関係を図示したものである。

図 3.7　ライフ・サイクル仮説

生涯所得と生涯消費

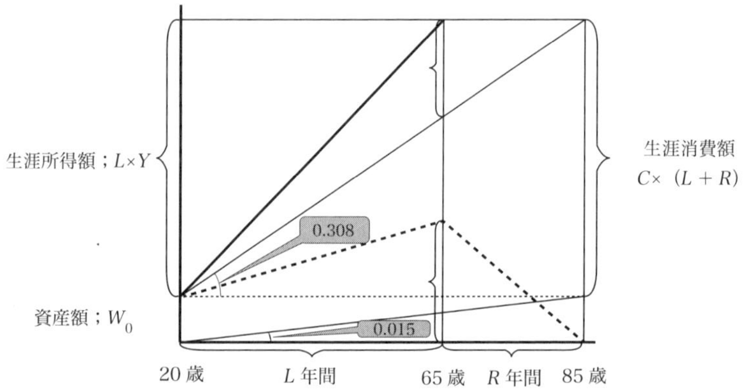

経済全体においてすべての人がこのような消費計画を実行するならば，経済
全体の消費関数は次の (3.24) 式の経済全体の資産と所得の両方に依存する
ことが説明されるのである。

---

[12] $\dfrac{1}{L + R} = \dfrac{1}{45 + 20} \fallingdotseq 0.0154, \dfrac{L}{L + R} = \dfrac{45}{45 + 20} \fallingdotseq 0.6923$ である。

$$C = \alpha W + \beta Y \tag{3.24}$$

ここで，パラメーター α は資産からの限界消費性向であり，パラメーター β は所得からの限界消費性向である。

モディリアーニのライフ・サイクル仮説は，所得がある人の人生において予測可能な何かの出来事で変化して，そして消費者が彼らの生涯で消費を平準化するために貯蓄したり，貸し出したりすることを行うことを強調したのである。この仮説によれば，消費は所得と富の両方に依存することになるのである。

7. 恒常所得仮説

ミルトン・フリードマン（Milton Friedman）は，恒常所得仮説（Permanent Income Hypothesis）を提案した[13]。恒常所得仮説とは，「実際に測られた所得 ;measured income」 Y は「恒常所得 ;permanent income」 Y_p と「変動所得 ;transitory income」 Y_T の2つの部分に分けられ，消費 C も「恒常消費 ;permanent consumption」 C_p と「変動消費 ;transitory consumption」 C_T の2つの部分に分けられると説明するものである。

$$Y = Y_p + Y_T \tag{3.25}$$

$$C = C_p + C_T \tag{3.26}$$

恒常所得 Y_p は期首の資産ストックを A_0 と t 期から T 期までの将来予想所得の現在価値の合計を W として，次の（3.27）式を満たすような値として定義される。

$$W = A_0 + Y_0 + \sum_{j=1}^{T} \frac{Y_j}{(1+r)^j} = A_0 + Y_0 + \sum_{j=1}^{T} \frac{Y_p^j + Y_T^j}{(1+r)^j}$$

$$= Y_p + \sum_{j=1}^{T} \frac{Y_p}{(1+r)^j} \tag{3.27}[14]$$

---

[13] このフリードマンの恒常所得仮説は，以下の著書によって展開された。Milton Friedman, "A Theory of the Consumption Function", Princeton, 1957. この恒常所得仮説はモディリアーニのライフ・サイクル仮説を補足するものである。

[14] $\sum_{j=1}^{T} \dfrac{Y_i^T}{(1+r)^j} = 0$ である。

すなわち，恒常所得とは家計の物的資産と金融資産や人的資産などの資力 W から将来予想される平均的収益を意味するのである。あるいは，恒常所得とは人々が将来にわたって継続的であると考える所得の一部分であり，変動所得は人々が継続的であると考えない所得の一部分である。恒常所得は平均所得であり，変動所得は平均から乖離した不規則な所得の部分である。

人々が長期的視点に立って消費計画を考える限りは，今期の消費は恒常所得 Y_p にのみ依存し，それ故に，恒常消費 C_p と変動消費 C_T の相関はゼロとなると M. フリードマンは説明するのである。

フリードマンの恒常消費を表す恒常消費関数は，次の（3.28）式のように表される。

$$C_P = c \ (\ i \ , \ w \ , \ u \ ) \ Y_P \qquad\qquad (3.28)$$

ここで，消費性向 c は利子率 i や資産所得比率 w，その他の効用関数の形を決める変数 u の関数であり，長期的に一定である。

$$C_P = C - C_T = c \ (i, \ w, \ u) \ Y_P = c \ (i, \ w, \ u) \ (Y - Y_T)$$

この式を平均消費性向の形に変形すると，次の（3.29）式のようになる。

$$\frac{C}{Y} = c \ (1 - \frac{Y_T}{Y}) \ + \ \frac{C_T}{Y} \ = c \ \frac{Y_P}{Y} \ + \ \frac{C_T}{Y} \qquad\qquad (3.29)$$

フリードマンは「消費は恒常所得と変動所得に依存する」と説明した。なぜならば消費者は所得の不規則な変動に対する反応で消費を平準化するために貯蓄と借り入れを使うからである。変動消費の大きさが無視できる長期においては，消費性向は c であり，長期消費関数の消費性向が安定的であることが説明されるのである。また，変動消費の大きさが変化する短期においては，変動所得の増加によって平均消費性向は低下し，変動所得の減少によって平均消費性向は上昇することが説明されるのである。

フリードマンの恒常所得仮説は，個々人の所得において恒常的変動と不規則な変動を体験することを強調している。消費者は貯蓄と貸し出しが可能な状況であるから，彼らは消費を平準化することができるので，消費は変動所得に余り依存しないのであり，それ故に，消費は第 1 番目に恒常所得に依存すると説

明されるのである。

8. 消費関数論争とケインズの消費関数

8.1 ケインズの消費関数

　ケインズは『一般理論』の第8章消費性向において，「もし財政政策が所得のより公平な分配のための裁量的手段として用いられるなら，それが消費性向を増大させる効果はもちろんそれだけいっそう大きい。」（前掲書，p.95）と説明している。

　戦争が終って，帰還兵達が本国に帰り，非軍事産業を中心に経済が復興し，拡大し始めると，若者を中心に雇用が増加し，所得の労働分配率が改善したと考えられるのである。すなわち総需要関数は上方へシフトし，消費性向が上昇するのである。この消費性向の上昇効果と国民所得の増加による消費性向の低下が相殺しあって，消費性向はほぼ不変のまま推移したことがクズネッツの「平均消費性向は長期的には不変である」という説明に繋がったと考えられるのである。戦後の経済復興期においては，このような消費性向の上昇効果が雇用の増大と労働分率の改善の結果として続いたと考えるならば，ケインズの絶対所得仮説に基づく消費関数は最初から正しかったのである。

8.2 それ以後の消費関数

　ケインズは「消費は現在所得に大いに依存する」ことを提案した。それ以来，経済学者たちは消費者たちが異時点間の意思決定に直面していることを主張した。しかし，ケインズは「限界消費性向はゼロと1の間であること，平均消費性向は所得が増加すると下落すること，そして現在の所得が消費の第1番目の決定要因であること」を説明した。

　家計のデータと短期時系列の研究はケインズの推論を成立させた。また長期の時系列の研究は所得が時間を通じて上昇しても平均消費性向が下落する傾向がないことを発見した。消費者は彼らの将来の所得を見通して，ケインズが提

案したよりももっと複雑な消費関数を適用することが必要となったのである。すなわち，現在所得の他に，富や予測される将来所得，そして，利子率等である。ここでは現在所得は総消費のたった1つの決定要因に過ぎないと強調しているのである。

　経済学者がそれぞれの政策について議論が一致しない理由の1つは異なった所得と消費の概念にもとづいて異なった消費関数と消費者行動を想定しているからである。

　アービング・フィッシャーの異時点間の消費理論は，消費は現在の所得のみに依存するのではないことを主張しており，ライフ・サイクル仮説は，人の一生涯の所得を通常のパターンに従って消費することを説明しているのである。これに対して，恒常所得仮説は年々の所得の不規則で一時的な変化を強調しているのである。

第4章

投資関数と *IS* 曲線

1. 投資関数

有効需要の大きさを知るためには，消費関数と同様に投資関数を知ることが必要である。すなわち，民間企業の投資がどのようなメカニズムでどのような水準に決定されるかを知ることが必要である。

1.1 投資の意志決定

ある企業が新しい資本設備を購入するかどうかの意志決定について考える。いま，当該資本設備の需要価格を P_D，利子率を r[1]，各期の予想収益を Q_t，n 期後のこの資本設備の**残存価値（スクラプ・バリュウー；scrap values）**を S_n とする。この資本設備が n 期間にわたって収益（Q_1, Q_2, Q_3, $\cdots Q_n$）を生むとすれば，資本設備の需要価格は次の（4.1）式のように決定される。

$$P_D = \frac{Q_1}{1+r} + \frac{Q_2}{(1+r)^2} + \frac{Q_3}{(1+r)^3} + \cdots + \frac{Q_n}{(1+r)^n} + \frac{S_n}{(1+r)^n}$$

$$= \sum_{t=1}^{n} \frac{Q_t}{(1+r)^t} + \frac{S_n}{(1+r)^n} \tag{4.1}$$

資本設備の需要価格とは，その資本設備を購入し稼動させ，それによって生産された商品の販売から見込まれる将来収益（Q_1, Q_2, Q_3, $\cdots Q_n$）を利子率

---

[1] この利子率は，一般的には，市場利子率であると考えることができる。しかし，より具体的には個々の企業がそれぞれ直面する資金についての利子率として考え，その個別利子率は市場利子率を反映して同方向に変化すると考えるべきである。

82

で割り引いた合計の現在価値である。

　この企業がこの資本設備を購入するという意思決定を行うためには，この資本設備の需要価格P_Dがこの資本設備の供給価格Vを上回り，資本設備を購入して稼動させることによって利益が得られることが必要である。すなわち，次の（4.2）式が成立するときにこの投資計画は実行されることが説明される。

$$V \leqq P_D \tag{4.2}$$

　この資本設備の需要価格P_Dが，供給価格Vを下回る場合には資本設備を購入して稼動させることから利益を得ることが期待できないためにこの資本設備は購入されない。すなわち，次の（4.3）式が成立する場合にはこの投資計画は実行されないのである。

$$V > P_D \tag{4.3}$$

1.2　資本の限界効率

　ケインズの『一般理論』によると投資需要の大きさは**「資本の限界効率」**（marginal efficiency of capital）によって決定されると説明される。ここで，「資本の限界効率」とは，「資本資産から存続期間を通じて得られると期待される収益によって与えられる年金の系列の現在価値を，その供給価格に等しくさせる割引率に相当するものである」（ケインズ著『一般理論』，第11章「資本の限界効率」，p.133）。

　いま，供給価格がVである資本設備を稼動して見こまれる将来収益の流列を（Q_1，Q_2，Q_3，$\cdots Q_n$），n期後のこの資本設備の残存価値をS_nとすると，資本設備の供給価格と予想収益の合計の間には次の（4.4）式のような関係が成立する。

$$V = \sum_{t=1}^{n} \frac{Q_t}{(1+\rho)^t} + \frac{S_n}{(1+\rho)^n} \tag{4.4}$$

　ここで，ρは新たに資本設備を購入した場合に，その投資によってもたらされる将来の予想収益額の割引現在価値とn期後のこの資本設備の残存価値の合計額を当該資本設備の費用と等しくする割引率である。この期待収益率ρは

「資本の限界効率」である。この，「資本の限界効率」は一定の資本ストック量 K のもとで，新たな投資によってもたらされる予想収益の増加の割引現在価値をその資本増加のコストに等しくするような割引率 ρ として計算される。この資本の限界効率は，図 4.1 の K-ρ 面に ρ 曲線として描かれる。

　企業家の投資決定は，この割引率 ρ が利子率 r を上回るときに，すなわち次の（4.5）式が成立する場合に，この投資計画が決定されることが説明される。

$$\rho \geqq r \tag{4.5}$$

　完全な金融市場が存在するならば，企業が必要な資金を調達するために必要な資本コストは利子率に等しい。それ故に企業は資本の限界効率が利子率よりも高い限り資本を増加することが有利であるとケインズは説明した [2]。

　期待収益率 ρ が利子率 r を下回るときには，すなわち，下記の（4.6）式が成立する場合には，この投資計画は決定されないことが説明される。

$$\rho < r \tag{3.6}$$

　投資の増大は企業の将来の期待収益を増加させる。しかし，資本の収益率は資本ストックの増加とともに次第に低下すると考えられる。すなわち，投資の増大にともなって資本ストックが増加し，資本の限界効率は次第に低下すると考えられる。このことから**資本の限界効率 ρ** は投資 I の減少関数であることが説明される [3]。

$$\rho = \rho \ (I), \qquad \rho \ '\ (I) \ < 0 \tag{4.7}$$

1.3　投資の限界効率

以上で説明したケインズ的な**「資本の限界効率」**による投資理論では，望ま

---

[2]　企業の内部留保についての資本コストは外部からの借入利子率を機会費用とするために，同様の議論を行うことができる。

[3]　資本の限界効率 ρ の投資規模 I に関する二階微分が正であるか否かは経済の状況によって異なると考えられる。一般的に考えて景気の下降局面においては，資本の限界効率は急激に低下すると想定されることから，$\rho \ '' < 0$ であり，景気の上昇局面においては，緩やかに低下すると想定されることから，$\rho \ '' > 0$ であると考えることができる。

しい投資ストックの水準とそのために必要な資本ストックの増加分は決定されるが，一定期間にどれだけの投資を行うかといったフローとしての企業の投資率は決定されないことが，**A. P. ラーナー**によって指摘された。

資本の限界効率が利子率よりも高いことから，資本を増加させるために投資をすることが有利であることは説明しても，その投資率をどの水準に決定するかは決定できないのである。投資規模は投資財産業の生産能力や稼働能力そして生産物市場の状態などに依存しており，**投資の限界効率**は資本ストックの増加の速度に依存して異なったものになるのである。すなわち，A. P. ラーナーは**「資本の限界効率」**と**「投資の限界効率」**とを区別すべきであり，投資は「投資の限界効率」と利子率との関係で決定されることを主張した[4]。

1.4 投資関数の導出

図 4.1 において，縦軸に資本の限界効率表 i，投資の限界効率 ρ，利子率 r をそれぞれとり，左側手前に向かって資本ストック量 K を，右側に向かって

図 4.1 投資の限界効率と資本の限界効率

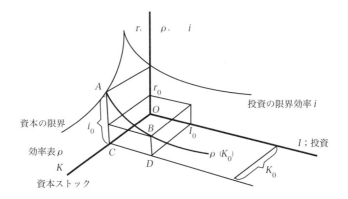

---
[4] 投資の増大によって資本ストックが増加するにしたがって，企業の調整コストが発生することを考慮しなければならない。たとえば，企業拡大の速度に企業の経営能力の拡大が追いつかないという**「ペンローズ効果」**などを考慮に入れた企業の投資行動の理論が宇沢弘文や R. E. ルーカス等によって展開されている。

投資水準 I をとる。

　いま，現存する資本ストック量が K_0 $(= OC)$ であり，市場利子率が r_0 であるとき，資本の限界効率は i_0 $(= CA)$ である。資本ストック量が K_0 のときにこの A 点を出発点として描かれる投資の限界効率表 AB から利子率 r_0 と投資の限界効率 ρ $(= BD)$ が等しくなるような点 B において投資規模 I_0 (CD) が決定されることが説明される。

　ここで，$\rho > i_0 = r_0$ であり，資本の限界効率 ρ は利子率 r_0 よりも高いために投資に利益が期待されること，それ故に利子率 r_0 と投資の限界効率 i_0 が等しくなる規模まで投資 I_0 が行われることが説明されるのである。

　投資関数は図 4.1 から次のように直感的に導出される。利子率 r の上昇は投資の限界効率 i がそれと等しくなるところまで上昇しなければならないために投資規模 I が減少する。また，利子率 r の上昇は投資の限界効率 i がそれと等しくなるまで投資規模を増加させる。資本ストックに関しては資本ストックの存在量が大きいほど資本の限界効率 ρ が低下するために，同時に投資の限界効率表 i も低下し，投資規模を低下させるのである[5]。

　すなわち，投資 I は利子率 r の減少関数として，また，資本ストック存在量 K の減少関数として，次の（4.8）式のように表される。

$$I = I\,(\,r,\ K),\quad I_r < 0,\quad I_K < 0 \tag{4.8}$$

2.　*IS* 曲線の導出

2.1　図による直感的な説明

　図 4.2 において，第 2 象限の曲線 $I\,(\,r\,)$ は投資関数であり，第 4 象限の曲線 $S\,(Y)$ は貯蓄関数であり，第 3 象限の直線 $I = S$ は貯蓄と投資の均衡条件式をそれぞれ表している。

　この図 4.2 によって，市場利子率が r_0 のとき，投資は I_0 であり，生産物市場が均衡するためには民間貯蓄は S_0 となるように所得水準 Y_0 が決定されな

---

[5]　民間投資は景気動向や期待の変化等によっても左右される。

86

ければならないことが説明される。

また，利子率が r_0 よりも高い水準 r_1 においては，投資水準は I_0 よりも低い水準の I_1 で決定されるから，生産物市場の均衡条件から貯蓄額は S_0 よりも少ない S_1 の水準となるような Y_0 よりも低い所得水準 Y_1 でなければならない。

図 4.2　*IS* 曲線の導出

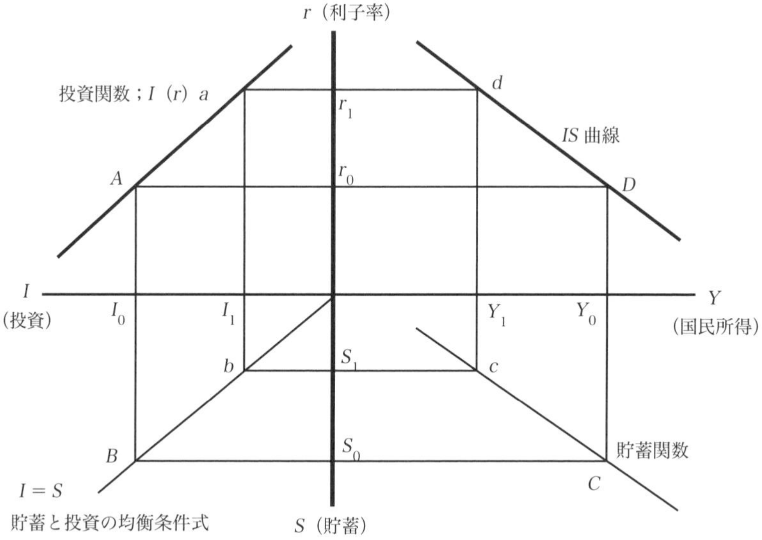

このようにして，生産物市場が均衡するための市場利子率と国民所得水準の組合わせを第 1 象限にプロットしていくと，図 4.2 の *IS* 曲線のような右下がりの曲線が描かれる。

2.2　IS 曲線の導出

IS 曲線は生産物市場の均衡条件を表している。

$$I = S \tag{4.9}$$

いま，投資関数を利子率の減少関数として次のように想定する。

$$I = I(r), \qquad I_r < 0 \tag{4.10}$$

また，貯蓄関数 S を民間貯蓄 S_p と政府貯蓄 S_G の合計として定義し，民間貯蓄は所得 Y の増加関数として，また，政府貯蓄 S_G は政府の租税収入 T と政府支出 G の差として定義する。

$$S = S_p + S_G \tag{4.11}$$

$$S_p = S_p\ (Y-T), \qquad 1 > S_{PY}\ (Y-T)\ > 0 \tag{4.12}$$

$$S_G = T-G \tag{4.13}$$

（4.11）式に（4.12）式と（4.13）式を代入すると，次の（4.14）式が得られる。

$$S = S_p\ (Y-T)\ + T-G \tag{4.14}$$

この（4.14）式と（4.10）式とを（4.9）式に代入すると，次の（4.15）式が得られる。

$$I\ (r)\ = S_p\ (Y-T)\ +\ (T-G) \tag{4.15}$$

この（4.15）式を利子率 r と国民所得 Y について微分して整理すると，図4.3の第1象限のように IS 曲線は右下がりで表されることが説明される。

$$\frac{dr}{dY} = \frac{S_{PY}}{I_r}\ < 0, \quad as \quad S_{PY}\ (Y) > 0 \quad and \quad I_r < 0 \tag{4.16}$$

2.3 IS 曲線の位置

2.3.1 政府支出の差異の影響

（4.15）式の利子率 r を政府支出 G で偏微分することによって，あるいは国民所得 Y を政府支出 G について偏微分すると次のような関係が導出される。

$$\frac{\partial r}{\partial G} = \frac{-1}{I_r} > 0 \tag{4.17}$$

$$\frac{\partial Y}{\partial G} = \frac{1}{S_{PY}} > 0 \tag{4.18}$$

この関係から，政府支出がより大きい経済においては，第3象限の貯蓄曲線がより右側に位置するために，IS 曲線は IS' 曲線のようにより右上に位置していることが説明される。また，利子率が同一水準である場合には，国民所得は $\dfrac{1}{S_{PY}}\ \Delta G$ だけ大きい水準に IS 曲線が位置することが説明される。

図 4.3 政府支出がより大きい場合の IS 曲線

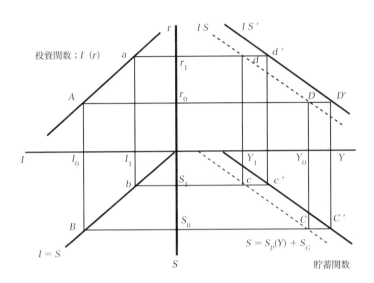

　また，逆に，政府支出がより小さい経済においては，IS 曲線はより左下に位置していることが説明される．利子率が同一の場合には国民所得は $\dfrac{1}{S_{pY}}$ ΔG だけ低い水準に IS 曲線が位置することが説明される[6]．

2.3.2　租税額変化の影響

　(3.15) 式の利子率 r を租税収入 T で偏微分することによって，あるいは，国民所得 Y を租税収入 T について偏微分することによって，次の関係が導出される．

$$\frac{\partial r}{\partial T} = \frac{-S_{pY}+1}{I_r} < 0 \tag{4.19}$$

---

[6] ここで展開した同様の数式によって，財政政策の効果を IS 曲線のシフトとして議論する論者が居る．しかし，経済政策の影響をこの IS 曲線のシフトとして議論するためには，このマクロ・モデルにおいて動学的考察が不十分である．

$$\frac{\partial Y}{\partial T} = \frac{S_{PY} - 1}{S_{PY}} < 0 \tag{4.20}$$

この関係から，政府の租税収入がより大きい経済は IS 曲線がより左下に位置することが説明される。また，利子率が同一水準の場合には，国民所得は $\frac{S_{PT} - 1}{S_{PY}} \Delta G$ だけより低い水準であるように IS 曲線が位置することが説明される。

政府の租税収入がより少ない経済においては IS 曲線をより右上に位置していることが説明される。利子率が同一水準の場合には国民所得は $\frac{-S_{PT} + 1}{S_{PY}} \Delta G$ だけ高い水準にあるように IS 曲線が位置することが説明される[7]。

2.3.3 アニマル・スピリットの変化によるシフト

いま，投資関数は利子率の減少関数だけではなく，将来の期待に対して，あるいは**アニマル・スピリット（animal spirits）** γ の増加関数であるとする。ここで，アニマル・スピリットとは，企業家・経営者の血気，景気見通しに関する楽観・悲観の外生的な要因のことである。ここで，アニマル・スピリットが民間投資の説明変数の 1 つであるという考え方は，アニマル・スピリットが民間投資水準に大きな影響を与えると考えるという意味である。

$$I = I(r, \gamma), \qquad I_r < 0, \quad I_\gamma > 0 \tag{4.21}$$

(4.15) 式の利子率 r をアニマル・スピリット γ について偏微分することによって，あるいは，国民所得 Y をアニマル・スピリット γ について偏微分することによって，次の関係が導出される。

$$\frac{\partial r}{\partial \gamma} = -\frac{I_\gamma}{I_r} > 0 \qquad \frac{\partial Y}{\partial \gamma} = \frac{I_\gamma}{S_{PY}} > 0$$

---

[7] 財政政策の議論と同様に，ここで展開した同様の数式によって，租税政策の効果を IS 曲線のシフトとして議論する論者が居る。しかし，租税政策の影響をこの IS 曲線のシフトとして議論するためには，このマクロ・モデルにおいて動学的考察が不十分である。

図4.4　アニマル・スピリットの高い経済のIS曲線

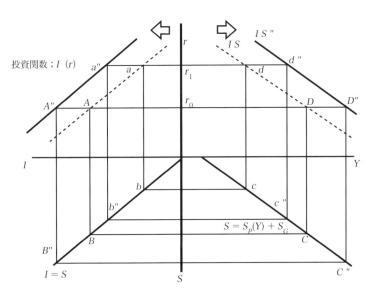

　この関係から企業家のアニマル・スピリットの高い経済においては，第2象限の投資関数がより左上方に位置するためにIS曲線はアニマル・スピリットの低い経済と比較してより右上方に位置することが説明される。

《アニマル・スピリッツ》

　企業家の投資行動の動機となる，将来に対する主観的な期待をケインズは『雇傭・利子および貨幣の一般理論』のなかでアニマル・スピリッツと呼んだ。経済活動の多くは合理的動機に基づいて行われるが，その一方で，将来の収益を期待して事業を拡大しようとするのである。合理的には説明できない不確定な心理によって左右される心理を説明したものである。「血気」「野心的意欲」「動物的な衝動」などと訳されている。

第5章

社会資本と財政政策

1. 政府の機能としての社会資本

1.1 社会資本

　資本主義経済は自由企業制度をたてまえとした経済である。しかし，あらゆる種類の財・サービスの供給が民間企業の経済活動によって有効に行われるとは限らないのである。**アダム・スミス**（Adam Smith）は「ある種の公共事業および公共施設の設立と維持」は，政府の不可欠な機能の1つであるとして，次のように説明している。「ある種の公共事業と公共施設とを設立し維持するという義務がある。これらを設立し維持することは，1個人もしくは少数の個人の利益には決してなり得ない。というのは，それは社会全体にとってしばしば費用を償って大いに余りあるにもかかわらず，1個人もしくは小数の個人にとっては収益が出費を償うには足りないからである」。

　ある種の資本施設が社会全般に広く便益を及ぼし，しかもこの便益提供の一部もしくは全部に対して，貨幣的収益のかたちで供給者が報酬を得ることができないとき，この種の施設に対する投資の**「社会的利益」**（social benefits）は**「個人的利益」**（private benefits）を超過する。こうした性質の投資は**「外部経済効果」**（external-economic effects）を持つものであり，民間企業の営利採算を基礎としては適当な規模で形成されることは不可能であり，公共的投資によって行われなければならない。

　このように公共的投資によって建設される資本は一般に**「社会的共通資本」**（social overhead capital）あるいは**「社会資本」**と呼ばれている。この社会資

本の分類は，道路・港湾・鉄道・空港などの輸送施設と郵便・電信・電話などの通信施設，水道および工業用水，電力・ガスなどのエネルギー供給施設，公官庁の建物，消防や警察などの**「経済的共通資本」**（economic overhead capital）と，学校・その他の教育施設や生活環境および公衆衛生のための施設などの**「狭義の社会的共通資本」**（strictly social overhead capital）とに分けられている。これら社会的共通資本の多くは，その便益が広く社会全般におよび，サービス価格のかたちで回収することは困難であるという特徴のほかに，巨額の投資資金を必要とし，建設期間と回収期間が長いのが一般的である。それ故に政府の最も重要な経済的機能であるということになるのである。これらの資本施設はすべてについて必ずしも国有国営のかたちが採用されなければならないということではなく，国家が資本の調達について特別の便宜を与え，施設の運営について公的規制を加えることが必要となると考えられているのである。

1.2 公 共 財

公共財（public goods）とはその便益を多くの個人が同時に享受でき，しかもその利用は費用負担者だけに限定できないような財である。このような公共財は市場原理の価格メカニズムによる資源配分の調整力が機能しない財である。それは国防・警察・消防などをはじめ橋・道路・港湾などの産業基盤施設あるいは公園・図書館・下水道などの生活環境施設の便益の大部分を包括している[1]。

---

[1]　公共財を私的財と区別する性質として，①非競合性，②非排除性，③非選択性，④不確実性の4つが挙げられる。

　①**非競合性**（non-rivalness）；ある同一の財を2つ以上の経済主体が同時に消費することが可能であり，ある経済主体が消費しても他の経済主体が消費できなくなることはないという性質。

　②**非排除性**（non-excludability）；公共財がいったん供給されるといかなる経済主体もその利用から排除されないという性質。

　③**非選択性**（non-optionality）；公共財がいったん供給されると個々の経済主体は自由に消費量を選択できないという性質。

　④**不確実性**（uncertainty）；不確実な事象に対して供給されるという性質。

　　①の非競合性と②の非排除性の2つの性質を持つ財を**「純粋公共財」**（pure public goods）といい，**国防**や**警察**，**公衆衛生**などが例として挙げられる。

一般の**私的財**（private goods）については各自がそれぞれ個別的に購入し，これを排他的に消費するのに対して，公共財の利用はその社会のすべての人々によって「共同的」に行われ，その便益を多くの個人が同時に享受でき，しかも対価の支払者だけに限定できない財・サービスである。

2. 公共事業の経済効果

2.1 公共事業

公共事業とは一般に国または地方公共団体の予算で行う社会公共の利益を図るための公共的な事業をいい，道路・港湾の整備，河川の改修などがその例として挙げられる。

日本経済の歴史を顧みると，公共事業はある意味では地方経済発展の原動力であり，同時に地方の政治・経済における一極集中の元凶でもあった。それは，政治的にも経済的にも地域間競争・地域開発の戦略として利用され，中央に強い首長と弱い首長の存在となって地域間格差を助長してきた要因であるともいうことができる。

前節で説明したように公共財の生産・供給については，その便益を多くの個人が同時に享受でき，その利用を対価の支払者だけに限定できないという性質があることから**「フリーライダーの矛盾」**が発生することになるのである。そ

---

②の非排除性を持たない財を**「準公共財」**（quasi-public goods）という。非排除性を持たないために市場で取引することは可能であるが，資源配分の効率性や所得分配の公正，あるいは他の政策上の見地からその供給は公共的によって行われることが望ましいと考えられる財・サービスである。

この準公共財は，次の３つの種類に分けて考えられる。第１は，排除するのに費用はそれほど高くはなく，その利用のための追加的費用はほとんどない財である。第２は，技術的には費用逓減下で生産されているがその限界費用は正であり，資源配分の観点からその価格が限界費用に等しく規制されている財である。このような財については赤字部分が政府によって負担されることになる。公営交通機関や有料道路が例として挙げられる。第３は，排除性も競合性もあるが，政策上の観点から公共部門によって供給される財である。**義務教育**や**社会教育**，**伝染病の予防**，**老人・幼児医療の無料化**などが例として挙げられる。

94

れ故に，公共財の供給を市場原理に委ねることには種々の問題が発生することになるのである。

しかし，「フリーライダーの矛盾」を排除するために，都市における混雑による効率性低下を避けるための**「受益者負担原則」**と**「受益者平等化」**との都市の内部における矛盾の問題を解決する議論と同様に，①「地方の高速道路の建設費用を東京が払うのは不平等である」とか，②「赤字ローカル線は都市部に生活するものにとっては無駄な負担である」とか，という議論を「フリーライダーの矛盾」として議論することは議論の歪曲化であり，そのような議論を背景として，③選挙投票の格差問題について「効率性基準」のような格差基準を採用するべきであるといった議論は「視野狭窄の政策論」であり，資源配分・所得分配において「市場の失敗」を助長し「異時点間の問題」を生じさせる危険があるのである。

たとえば，国土庁が提唱した**「新しい全国総合開発計画」**は「流域圏構想に基づいた全国総合開発計画」であり，今日の地球環境問題をクリアーするためにも大事な経済政策の指針である。また，大蔵省（現財務省）が採用している「日本版金融ビッグ・バン」のもとで新しい金融システムとともに日本経済と特に地域経済のあり方を変えるための大きな政策転換であるということができる。このような政策の実現のために公共事業の在り方を従来のあり方とは別の視点で考えて行くべきなのである。

2.2　ケインズ政策と公共事業

ケインズ経済学の重要なテーマは**「有効需要の理論」**である。ケインズは資本主義経済の重要なシステムである市場原理による価格調整メカニズムだけでは，「有効需要」が不足すること，それ故に完全雇用は「市場原理」によってだけでは自動的に実現することはできないという意味で「市場の失敗」を説明したのである。

ケインズ政策はこの「有効需要の不足」を解消するために政府の赤字財政政策の必要性を説き，不況期の公共事業等を実施することによって経済の安定を

図るべきであると提案したのである。このようなケインズ政策を今日的なテーマで提案するならば，経済の安定的な発展のための諸施策や経済の国際化・金融の国際化・情報化を図るための政策が提案されることになるであろう。

有効需要を回復するために一時的には財政バランスを欠いても，ケインズ的な有効需要政策の成果として経済の拡張が実現されるならば，それからの税収入の増加によって赤字財政はやがて解決され得るというものである[2]。

2.3 ケインズの有効需要政策の効果

ケインズの有効需要政策の効果は，図5.1において，総需要関数 D が上方へシフトし，経済の均衡点が E_1 から E_2 へと移動することによって雇用量が N_1 から N_2 へと増加すると説明される。

図 5.1 有効需要政策

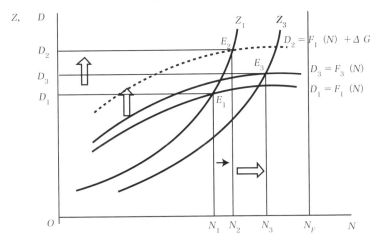

① 赤字財政政策によって有効需要が D_1 から D_2 へ増加し，雇用量が N_1 から N_2 へ増加する。しかし，その効果は一時的である。
② 赤字財政政策によって社会資本が形成され，外部経済効果が発生するため赤字財政政策は長期的には，雇用量を N_1 から N_3 へ増加させる。

---

[2] このようなケインズの赤字財政政策と行政改革の対象である公共事業関連でのゼネコンと政治家の癒着の問題等や土建中心の公共事業による地方経済の硬直化の問題は，本来的には公共事業の経済効果とは別の問題として議論されなければならないものである。

96

このように政府の赤字財政政策が続けられる期間は限られたものであり，総需要関数の上方へのシフトは一時的なものである。また，累積的な赤字財政政策は政府債務が累積的になるため，このような赤字財政政策を持続することは困難であり，赤字財政政策実施以後は，民間の力による経済の自立的な回復が期待されるのである。

政府の赤字財政政策が修了したあとの経済の均衡は E_2 から E_1 へ戻るのであろうか。政府の財政赤字政策によって建設された社会資本が産業基盤資本を形成し，あるいは生活基盤を形成するならば，経済全体の社会的費用は減少するために総生産関数（Z 曲線）は低下することになる。すなわち，不況期における赤字財政政策によって経済的に必要な投資計画が実行されるならば，一時的な赤字財政政策を修了したあともマクロ経済と雇用量はもとの状態の E_1 や N_1 に戻ることはなく，新しく雇用を拡大した状態 N_3 に到達することが可能なのである。このとき国民所得は D_2 から D_3 に減少しているものの，もとの有効需要の大きさである D_1 よりも高い水準に増加しているのである。

3. 公共事業の経済効果と財政乗数

3.1 ケインズ的赤字財政政策

ここで，Y；国民所得，G；政府支出，c；限界消費性向とすると，ケインズ政策による**財政乗数**は次の（5.1）式のように表される。

【財政乗数】　$$\Delta Y = \frac{1}{1-c} \Delta G \tag{5.1}$$

いま，限界消費性向 c が0.8であると，財政乗数は5とな[3]。すなわち，1兆円の赤字財政政策は5兆円の経済拡大効果があるのである。この増加した国民所得5兆円に20%課税すると赤字財政は景気拡大後の租税収入によって解決するのである[4]。

---

[3]　財政政策は政府が赤字財政を続ける限り政策効果がある。しかし政府が赤字財政政策を中止すると元の均衡状態に戻るため，その効果は一時的である。

[4]　戦後の先進工業諸国において経験した政府の累積赤字は景気刺激政策を実施した後

T を租税額とすると，**租税乗数**は次の（5.2）式のように表される。

$$\textbf{【租税乗数】}\quad \Delta Y = \frac{-c}{1-c}\Delta T \qquad (5.2)$$

1兆円の**減税政策**は4兆円の経済拡大効果であり，減税政策によって景気回復した後に増加した所得4兆円に25%課税するならば赤字財政は解決することが説明される。しかし，この減税政策の効果は財政政策の効果よりも国民それぞれの負担率は5%分大きくなるのである。

均衡予算乗数の場合は，財政乗数と租税乗数の効果を合計することによって，次の（5.3）式のように説明される[5]。

$$\textbf{【均衡予算乗数】}\quad \Delta Y = \frac{1}{1-c}\Delta G + \frac{-c}{1-c}\Delta T = \Delta G = \Delta T \qquad (5.3)$$

「均衡予算乗数は1」であり，増税額＝政府支出増＝景気拡大効果である。この場合は国民の負担は当初の増税額だけである。

3.2　ケインズ的財政政策の限界

　ケインズ的な財政政策はすでに限界に達しており，その効果は小さくなっているといわれている。その原因には次の2つがあると考えられる。1つは，①大都市（東京・大阪・名古屋）中心の公共事業や②大規模事業（関西国際空港・本四架橋・整備新幹線，東京湾横断道路）中心の公共事業等によって資源浪費型の公共事業が中心であり，また土地を多く利用するタイプの開発事業であったために，公共事業を行った地域や開発された地域の土地価格を上昇させ開発コストの増大等によって経済効率の悪い公共事業が敢えて選択されてきたことが，

に財政赤字分を租税収入の増加によって埋め合わさなかったことが原因である。その原因の1つは更なる赤字政策による景気刺激政策・経済成長政策を続けたことであり，また，1つには，次第に，このようなケインズ的赤字政策の有効性が損なわれていったことが考えられる。

[5]　ここでの説明は，金融市場において市場利子率が変化しないことを前提としている。すなわち，「クラウディング・アウト効果」が発生しないことを前提とした議論である。

それ故に，ケインズ的な総供給関数を上方にシフトアップさせたことが[6]，その大きな原因である。また，1つは家計・消費者の行動の変化であり，それ故に，日本経済における消費関数の変化の結果である。

今日，日本経済において家計の消費財需要は飽和状態に達しており，また，家計にとっては住宅ローンや種々の耐久消費財購入の結果としてのローン支払い等による過去の消費の付けとしてのローン支払いの負担等によって可処分所得の中で毎期家計が自由に消費することができる額は限られるようになった。これは消費関数の変化であり，限界消費性向の低下として現れるのである。

いま，aを基礎消費額，Y_1を1期前の所得，c'を1期前の所得に依存する限界消費性向とすると簡単な線形の消費関数は，次の（5.4）式のように表される。

$$C = a + c\ (Y\!-\!T)\ + c'\,Y_1 \tag{5.4}$$

短期消費関数の限界消費性向を0.23，長期消費関数の限界消費性向を0.8とすると，この消費関数は次の（5.5）式のように表される。

$$C = a + 0.23\ (Y\!-\!T)\ + 0.57Y_1 \tag{5.5}$$

このように長期消費関数の限界消費性向は不変であっても，短期消費関数の限界消費性向が低下するならば，**「財政乗数」**の値は低い水準になり，公共事業などの財政政策等による経済効果は少ないといわれるようになるのである。

いま，財政乗数を1.3とすると，1兆円の赤字財政政策は1.3兆円の経済拡大効果であり，この財政赤字を補填するためには財政政策の結果として景気拡大した後に国民所得増加額の77%に対して追加課税しなければ赤字財政は解決されないのである。これがケインズ的な財政政策が有効ではなくなってきたという意味である。

いま，財政乗数の値が1.3ということは，限界消費性向の値（c）は0.23である。これは財政乗数の式に代入すると以下のように限界消費性向が計算されるのである。

---

[6]　総供給関数の上方へのシフトアップは所与の総需要関数のもとで名目国民所得＝総費用を増加させるが，実質所得と雇用量を減少させるのである。

$$\frac{1}{1-c} = 1.3$$

$$c = 1 - \frac{1}{1.3} = (1.3-1)/1.3 = 0.23$$

限界消費性向が 0.23 のときの租税乗数は 0.3 である。

$$\Delta Y = \frac{-c}{1-c}\,\Delta T = -0.23/(1-0.23) = 0.3$$

　これは，1 兆円の減税政策は 0.3 兆円の経済拡大効果であること，すなわち，減税効果はほとんどないことが説明されるのである。逆にこの減税によって生じた財政赤字を補填するためには将来は 330％の追加的税の徴収が必要であることが説明されるのである[7]。

4.　フィスカル・ポリシー

　ここでは，財政政策の一側面である**フィスカル・ポリシー**（fiscal policy）について説明する。これは政府支出および課税の操作を通じて有効需要に影響を与え，経済安定の目的に寄与する政策である。財政による有効需要調整の側面に力点がおかれているという意味で，**「補正財政」**（compensatory finance）とも呼ばれている。あるいは経済の総支出に対する財政支出の効果に着目しているという趣旨から**「機能財政」**（functional finance）とも名づけられている。

　ケインズの『一般理論』を背景としてこのような財政政策の新しい目標を与えたのは，**アルヴィン・ハンセン**やその他のケインジアンによって開拓されたものである。それは財政収支を通じて経済の安定政策という目標を効果的に達成するためには単年度の均衡予算の原則に縛られることは得策ではないどころか，有害無益であるという認識である。なぜならば，好況期における租税の自

---

[7]　無駄な公共事業とは，有効需要拡大効果がないばかりではなく，国民の将来税負担を増加させるものである。

然増収に見合ったかたちの均衡予算は明らかに拡張的であり，経済を不安定化させる効果を持つものである。また，不況期には政府支出の増加または減税のかたちで赤字支出の可能性が認められないならば，強力な経済安定化政策を期待することはできない。景気循環がある程度規則的に生起するものであるならば，不況期の財政赤字と好況期の財政黒字とは長期的には自ずと相殺される可能性があり，またそれを意識的に計画することが可能であるというのがフィスカル・ポリシーの立場である。

5. 租税制度とビルトイン・スタビライザー

上で導入した平均税率は，実際の経済においては租税制度および移転支出制度を通じて決定される。実際の経済においては，各種の税源とそれに適用される「法規上の税率表」からの組み合わせとして税収と税率は決定されるのである。しかも，法規上の税率表は名目額に対して適用されるために物価の変動によって実質税収は影響を受けるのであるが，単純化のために個人所得税を含む租税構造と，社会保障移転支出制度のみを考慮して議論を行うことにする。また，分析の過程において物価の変動は生じないものと仮定して実質額と名目額との区別は必要ではないとする。

現代の所得税や社会保障制度のもとでは，控除制度と累進税率の制度によって，所得 Y が高くなるにつれて**限界税率（marginal tax rate）** t は高くなるように設定されている。図5.2において，横軸は個人の所得水準であり，縦軸は個人が負担する所得税を表している。所得税の控除制度を反映して，一定の所得水準以下では課税率はゼロであり，社会保障移転制度によって所得が一部移転されていることを示している。すなわち，マイナスの税金の状態である。また，累進構造を反映して所得が Y_B から Y_A へと増加するにしたがって税率が t_B（$= T_B/Y_B$）から t_A（$= T_A/Y_A$）へ上昇しているために税負担は T_B から T_A へと急激に増加している。

図5.3は経済全体の所得水準と政府の税収との関係を表した図である。横軸

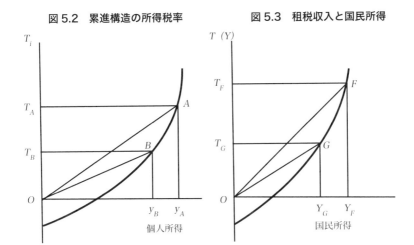

図 5.2　累進構造の所得税率　　図 5.3　租税収入と国民所得

に経済全体の国民所得水準 Y をとり，縦軸は国の所得税収入 T を表している。累進税制度を反映して，景気が良くなって国民所得 Y が T_G から T_F へと増加すると税収入は T_G から T_F へと急激に増加することが示されている。マクロ経済の不況期には失業手当やその他の社会保障支出（マイナスの租税）が増大するために，所得から租税収入がマイナスになる可能性がある。しかし，好況期には失業手当やその他の社会保障支出（マイナスの租税）が減少し，所得から租税収入は増加する。また，好況期には賃金所得よりも資本所得へのシフトが生ずると考えられるために，この所得税の累進構造は激しくなり，租税収入を表すこの曲線の凸性が強まると考えられるのである。

このように，所得税の累進構造は，好況期の国民所得が増大する時期には，税率の上昇と税収の増加が有効需要のそれ以上の拡大を抑制し，国民所得それ自体がさらに増大することを抑制する効果を持つのである。また，不況期の国民所得の減少期には，税率の低下と税収の減少によって有効需要がそれ以上に減退することを抑制し，国民所得がそれ以上減少することを抑制する機能を持つのである。このように不変の租税および移転支出制度のもとにおいて，政府の相殺的な変化がなければ，有効需要の変動をある程度自動的に抑制する要因

（built-in stabilizer）が財政システムにビルトインされているのである。これは財政の**自動伸縮性（built-in flexibility）** と呼ばれている。

第6章

貨幣と金融システム

1. 貨　　幣

1.1　貨幣の定義

　D. H. ロバートソンの『貨幣』(1948年) によると**貨幣**は次のように定義される。「貨幣という用語は，財貨に対する支払いにあたって，または実務上の多種の債務の履行にあたって，広く受領される一切のものを指称する」。すなわち，貨幣とは種々の債務に対する**最終的決済手段**である。

　交換において貨幣が使用されることの利便は，①消費者として自分の購買力を一般化することができるようになることであり，それによって自分に最適な形で社会に対する請求権を行使できるようになることである。次に，②生産者としてはその生産物を生産のための原材料購入や自分の消費に必要な財貨を購入するために物々交換をするための時間と精力とを節約するものである。そして，③もしこのような貨幣が存在しなければ，現在の生産活動と交換活動の基盤である特化と分業が不可能であろうと考えられるのである。

　貨幣とは**一般的交換手段**として，広く人々に受け入れられている財であり，①商品貨幣，②表券貨幣，③法貨，の区別がある。

　「商品貨幣」(commodity money) とは，それ自身が消費の対象となり，また一般的交換手段としても利用できるような財である。このような貨幣は分割しやすく，持ち運びに便利であり，高い耐久性があるという「物理的性質」と供給量が安定しており，そのためにその価値が安定しているという「経済的性質」によって貨幣として選ばれたものである。古くは，中国では家畜

（牛）や貝（子安貝）がこのような商品貨幣であった。また，金や銀，銅など
の金属も商品貨幣であった。金は古代地中海沿岸の交易の時代から代表的な
商品貨幣である。19 世紀後半には，金が商品貨幣の代表であり，西欧諸国を
中心として世界の多くの国々は金が貨幣の役割を果たす**「金本位制度」**（gold
standard）を採用していた。

　日常の経済取引において貨幣としての信任を獲得することができるならば，
貨幣は商品貨幣である必要はない。今日の日本銀行券のように，それ自身には
使用価値はほとんどまったく持たないが一般的受容性（general acceptability）
がある貨幣を**表券貨幣**（token money）という。また，貨幣としての信任を
保証する 1 つの制度に兌換制度がある。兌換制度とは発行した貨幣をいつで
も一定の量の金と交換することを約束することによってその貨幣の発行の程度
を制限し信任を保つための制度である。

　日本銀行券は金などの貴金属によって兌換されることのない**不換紙幣**（fiat
money；フィアット・マネー）であり，日本銀行によって発行され，法的根拠に
よって強制的に流通する紙幣である。このような通貨を**法貨**（regal tender）
という。

　金融資産のどこまでを貨幣として見なすかは，それぞれの国における制度と
経済の仕組みの変化という歴史の流れとともに変化する。現在貨幣としては，
日本銀行によって発行される**銀行券**と財務省によって発行される**補助貨幣**と民
間銀行の口座である**当座預金**が挙げられる。銀行券と補助貨幣は**現金通貨**と呼
ばれ，最終的な決済手段として認められたものであり，**法貨**である。

　また，銀行が預金を受け入れそれを**小切手**（check）によって第三者に移す
ことができる要求払い預金（demand deposit）も貨幣である。

1.2　貨幣の機能

　貨幣の機能を理解するためには，貨幣の存在しない**物々交換経済**を想定し，
貨幣的交換経済と比較して考えることが便利である。物々交換経済において取
引が成立するためには，ある同一の場所で，同一時間に，互いに相手が欲しい

第6章　貨幣と金融システム　*105*

ものを持っており，交換したいと考える二人が偶然に出会う必要である。これを「**欲望の二重の一致**」（double coincidence）という。物々交換経済においては，単純な取引だけしか実現しない。交換において貨幣を使用することによって，この「**欲望の二重の一致**」が実現しない場合においても，それぞれの取引者は一時的に貨幣と交換することによって間接的な取引が可能となり，より複雑な交換が可能となるのである。

　経済学においては，すべての財・サービスの価値および債権債務がそれによって表される単一の価値評価としての貨幣を**計算貨幣**（money of account）と呼ぶ。

　ここで**計算単位**（unit of account）としての貨幣は，「円」や「ドル」などの価格付けの単位であり，負債が記録される単位である。これに対して日々の取引すなわち財・サービスの購入や債務の決済に使用される貨幣を「貨幣」ないし「**通貨**」（money, currency）と呼ぶ。

　貨幣の機能としては上で説明した**計算貨幣**としての機能以外に，次の3つの機能がある。①**価値尺度機能**（standard of value）とは交換の際の財・サービスの価格表示に利用される**尺度**（ニュメレール；numeraire）である。②**交換手段機能**（medium of exchange）とは，財・サービスの購入に際して貨幣を使用することである[1]。③**価値保蔵機能**（store of value）とは，収入を得ることと支出することを時間的に分けること，すなわち，購買力を現在から将来に移転する手段である。

1.3　貨幣数量

　貨幣とは交換手段あるいは決算手段である。この貨幣の定義を「**狭義の貨幣**」と定義すると，決済手段としては機能しないが，時間と費用をほとんどかけずに比較的容易に狭義の貨幣に変換できるものを含めたものを「**広義の貨幣**」と

---

[1]　アメリカのドル札には，この交換機能を保証する文言として，"THIS NOTE IS LEGAL TENDER FOR ALL DEBTS PUBLIC AND PRIVATE"「この貨幣は公的と私的を問わずすべての負債に対する**法定通貨**である」と記載されている。

定義することができる。

貨幣は資産であるから残高で表され，通常はマネー・サプライと呼ばれる。

当座預金や定期性預金は預金者の要求に応じて一定の条件のもとで法貨への交換が保証されたものである。このように民間非銀行部門が保有する現金通貨と要求払い預金（預金通貨）との合計額は $M1$ と呼ばれる。これは直接決済手段として機能するものだけからなる狭義の貨幣である。

$$M1 \;=\; 現金通貨 \;+\; 預金通貨$$

(766.3兆円)（100.4兆円）　　（665.9兆円）　　　　　（2018年11月残高）

預金通貨ではない金融資産の中で貨幣に近い流動性を持つ金融資産は**準通貨（near money）**と呼ばれる。この準預金とは民間非銀行部門が保有する定期性預金（定期預金，定期積立と外貨預金）と非居住者が保有する円預金（非居住者円預金）である。これらは決済手段としては機能を果たさないが，容易に現金化することができる金融資産である。

$M1$ にこの準通貨を加えたものが広義の貨幣であり，**M2** と定義される。貨幣の定義においてこの **M2** の方が貨幣数量と生産量や物価水準との関係において相関の程度が高いことから，この **M2** が統計上重視されている。

この $M2$ に **CD（Certificate of Deposit；譲渡性定期預金）** を加えたものを **M2 + CD** として貨幣量として定義する場合もある。

$$M2 + CD \;=\; M1 \;+\; 準通貨 \;+\; CD$$

(1042.2兆円)　(766.3兆円)　(544.1兆円)　(31.7兆円)

これまでこの $M1$ や $M2 + CD$ は国内の銀行，信用・農林・商工組合中央金庫の預金のみを対象としていたが，98年4月の金融ビッグ・バンにともない在日の外国銀行支店や信用金庫連合会が新たに加えられた，そしてこの **M2** に郵便局や信用組合，農漁協，労働金庫の預貯金ならびに全国の信託元本，そして同じく98年4月より協同組織金融機関の各中央機関預貯金および外資系信託銀行の信託元本そして **CP（Commercial Paper）** を加えたものを **M3** と定義する。

$$M3 + CD = M2 + 準通貨，信託等 + CD$$

さらには，債権等を加えた広義流動性がある。広義の流動性とは，*M2* ＋
CD ＋郵便貯金＋農協等の預貯金＋金銭・貸付信託＋債券現先＋国債等であり，
2018 年 11 月平均残高は 1,788.5 兆円である。

2. 金融仲介機関と貯蓄移転

　金融市場（financial market）とは，企業などの支出が収入を上回る**赤字
主体**が投資等の目的でその投資資金を収入が支出を上回る**黒字主体**からの借
入れによって賄う市場である。その際に貸借関係の発生にともなう**金融手段
(financial instrument)**が作られ取引されることになる。一般に，赤字主体の
企業等は将来の収益を期待して工場の新設や設備の購入などの投資活動を行い
経済の原動力となる役割を担うものである。このような投資活動が円滑にその
資金を調達できるか否かは経済状態に大きく影響するものであるという意味か
らも金融市場の果たす役割は重要である。
　企業等の赤字主体が本源的証券を発行することによってその資金を得ること
を**外部金融（external finance）**という。これに対して，投資支出を支出主体
の経常所得ないしは社内留保などの既に保有している資産を処分することに
よって調達する場合を**内部金融（internal finance）**という。

2.1　貯蓄の移転と金融仲介機関（直接金融と間接金融）
　国民経済における資金の流れである貯蓄移転について示したものが次の図
6.1 である。赤字主体として究極的借り手である非金融的経済主体，企業や消
費者そして政府は，本源的証券を発行してその資金需要を賄う。この際に本源
的証券は彼らの負債であって株式・社債・抵当証券・政府証券や各種の短期・
長期債務を含んでいる。究極的借り手は次の 3 経路のいずれかを通じて本源
的証券を売却することができる。
　直接金融（direct finance）とは，**究極的借り手**が直接的に**究極的貸し手**に
本源的証券（第一次証券；証券，株式）を売却する場合である。直接金融といっ

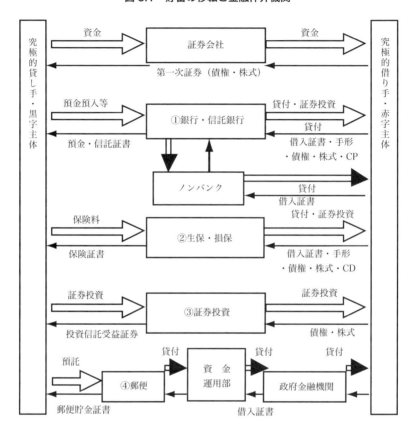

図6.1 貯蓄の移転と金融仲介機関

ても実際的には証券市場において仲介者としての役割を果たす証券会社が両者の間に仲介する。

それ以外の資金の流れは，**間接金融（indirect finance）** といわれる。

①は金融システムを通じて**貨幣的金融仲介機関**を経由して間接的に本源的証券を売却する場合である。これは究極的借り手が銀行や信託銀行などの金融機関に本源的証券（第一次証券）を売却し，究極的借り手は金融機関に対する請求権（第二次証券；預金等）を取得する場合である。この場合，金融仲介機関は赤字主体（投資主体）に対しては貸し手となり，黒字主体（貯蓄主体）に対し

ては借り手となる。

　銀行や信託銀行はノンバンク（消費者金融会社）に資金を提供して，間接的に投資主体に貸付けを行う場合もある[2]。これはノンバンクが借入証書等の間接証券を発行しているという意味で間接金融である。

　②と③は**非貨幣的金融仲介機関**を経由して間接的に売却する間接金融である。この場合は究極的借り手が非貨幣的金融仲介機関に本源的証券（第一次証券）を売却し，究極的貸し手は非金融仲介機関が発行する請求権（第二次証券；証券等）を取得する場合である。

　④は公的金融仲介の場合である。これは郵便局が郵便貯金証書を黒字主体に発行して資金を集めその資金を財務省資金運用部に預託する。資金運用部は政府金融機関に貸し付け，政府金融機関がさらに赤字主体に貸し付けるという方法である。この資金供給の流れが不透明であったり，貸付け金返済時の源泉が各事業からの収益ではなく税金であることが，最近の**「郵政事業の見直し問題」**と**「特殊法人見直し問題」**の焦点である。

2.2　収益率とリスク

　究極的貸し手（貯蓄主体）から見ると，直接金融によって本源的証券を直接購入し保有する場合と間接金融によって間接金融資産を購入し保有する場合との相違は，①その金融資産の保有から得られる収益性と②その金融証券を販売するときの価格と購入時点での価格との差，すなわち**キャピタル・ゲイン**にある。一般的に，**株式**などの直接金融資産の収益率は相対的に高い可能性があるが，そのリスクは相対的に大きいと考えられる。また，非貨幣的仲介機関が発行する金融資産は，直接金融資産よりも収益率は相対的に低いがリスクも相対的に低いと考えられる。

　また，貨幣的金融機関の金融資産は相対的に収益率が低く，同時にリスクも相対的に低い金融資産であると考えられている。

---

[2]　ノンバンクとは広義には銀行以外の金融機関を指す。しかし，狭義には消費者金融会社，クレジット会社，信用販売会社などを指す。

110

　究極的貸し手（貯蓄主体）は，それぞれの金融商品の収益率とリスクとの差異との関係を考慮して，またそれぞれの金融資産の**キャピタル・ゲイン**についての各自の予想をも考慮に入れて自分の資金配分の最適性と金融資産保有の増大を実現するように**資産選択**を行うと考えるのである。

第7章

貨幣数量説とインフレーション

1. 貨幣数量説 ── 古典派経済学の貨幣論 ──

　本章では，ケインズ以前の貨幣理論としての古典派経済学の「貨幣数量説」とそれにもとづいた貨幣政策と金融政策について説明する。次に，この古典派の貨幣数量説を基に展開された新貨幣数量説とインフレーションを説明する分析手段としてのフィリップス・カーブについて説明する。

　古典派経済学は資本主義経済を市場原理によって機能する経済システムであると説明する。それ故に生産物市場や労働市場，貨幣市場においても相対価格の調整によってそれぞれの需給量が均衡するように決定されると説明する。また，物価に関しては貨幣供給量にもとづいてその水準が決定されると考える**「貨幣の中立性」**を前提とした議論が中心であった。すなわち，実物経済は貨幣市場とは独立した現象として説明することができるという**「古典派の二分法」**(classical dichotomy) である。この古典派経済学の世界では貨幣は経済の実物的側面を覆うベールであり，経済に流通する貨幣数量が変化しても経済の実物的側面である相対価格や生産量・取引量には何ら影響を与えないという「貨幣ベール観」の立場であった。

　このような古典派経済学の貨幣論を説明するのが**「貨幣数量説」**(quantity theory of money)である。この貨幣数量説には，**「フィッシャーの交換方程式」**と**「ケンブリッジ型の現金残高方程式」**の2つの説明の方法がある。

1.1 フィッシャーの交換方程式

アービング・フィッシャー（Irving Fisher）は 1911 年に出版した『**貨幣の購買力**』において「**交換方程式**」（equation of exchange）型の貨幣数量説を提示した。すなわち，一定期間に経済全体で流通している貨幣残高を M，貨幣の流通速度（一定期間に貨幣を媒介として取引きされる総取引の平均回数）を V，取引される財・サービスの平均価格を P，総取引量を T とすると，フィッシャー型の交換方程式は以下の（7.1）式のように表される。

$$MV \equiv PT \tag{7.1}$$

取引される財・サービスはすべて貨幣的交換であるとすると，一定期間の間に財・サービスを購入するために支出される貨幣額は，その財・サービスを販売して受け取られる貨幣額に等しいことが説明される。この恒等関係についてどの変数が先に決定される変数であり，どの変数が定数であるかを考察することによって，貨幣理論としての方程式と解釈するのである。

いま，①貨幣残高 M は中央銀行が決定する外生変数（＝政策変数）である。また，②貨幣の流通速度 V は社会の支払制度や慣習に依存して容易には変化しないと考えるため，貨幣残高 M の変化は貨幣の流通速度 V を変化させない。③一定期間の経済全体の総取引量 T は自然的資源の状況や技術条件に依存して決定されるため，貨幣残高 M の変化は，総取引量 T を変化させない。それ故に，④貨幣残高 M が一定のとき貨幣の流通速度 V は所与であり，総取引量 T は完全雇用経済を前提として実物経済によって一定の値に決定される。以上の仮定のもとで，貨幣ストック量 M が与えられると物価水準 P が決定されるという結論を導きだすことができる。

《インフレ率の決定》

（7.1）式を時間について対数微分すると，次の（7.2）式のように表される[1]。

---

[1] $MV \equiv PT$ を対数表示すると，$\log M + \log V = \log P + \log T$ となる。それぞれの変数 X を時間時間 t で微分して，$\dot{X} = \dfrac{dX}{dt}$ と表すと，（7.2）式の $\dfrac{\dot{P}}{P} = \dfrac{\dot{M}}{M} + \dfrac{\dot{V}}{V} - \dfrac{\dot{T}}{T}$ が導出される。

$$\frac{\dot{P}}{P} = \frac{\dot{M}}{M} + \frac{\dot{V}}{V} - \frac{\dot{T}}{T} \tag{6.2}$$

この（6.2）式から財・サービスの平均価格の変化率は，貨幣の流通速度と取引総額が一定である限り，中央銀行が決定する貨幣残高 M の変化率に比例して決定されるという結論が導出されるのである。

この貨幣数量説を支持する研究者は，貨幣供給量を管理する中央銀行が，インフレ率に関してもコントロールする能力を持つと考える立場にある。すなわち，中央銀行が貨幣供給量を安定的にすれば物価水準は安定し，中央銀行が貨幣供給量を急速に増大させれば，物価水準も急速に高騰しインフレーションになるという考え方である。しかしこのような立場の考え方は「ケインズ革命」の「流動性選好の理論」によって否定されるのである。

1.2　ケンブリッジ型の現金残高方程式

「ケンブリッジ型の現金残高方程式」 は，各経済主体は貨幣の保有がもたらす便宜と安全の効用と，その現金を投資または消費にむければ得られるであろう利益との比較から貨幣保有量（＝需要量）を決定すると **A. マーシャル（Alfred Marshall；1842～1924）** は説明する。それ故に一時点において経済全体で保有される実質貨幣残高 L は実質所得 y の一定割合 k（マーシャルの k）に相当するとして，貨幣需要を次のように定義する。

$L = ky$

貨幣市場における需給均衡条件は，貨幣の実質残高 $\left(\frac{M}{P}\right)$ と貨幣需要 L との間に次の（7.3）式の関係が成立することである。

$$\frac{M}{P} = ky \tag{7.3}$$

ここで, p は，国民所得 y に対応する物価水準（GDP デフレーター）である。この「ケンブリッジ型の現金残高方程式」は，貨幣市場に関する需要と供給という市場分析の枠組みであり，物価水準は人々が保有したいと考える財・サービスの量とそれを反映した貨幣量に対する貨幣需要の程度と貨幣供給量との関

係から決定されることを説明している。

「マーシャルの k」は先のフィッシャーの交換方程式における貨幣の流通速度 V の逆数に対応し[2]，k が一定であるということは，貨幣数量 M と物価水準 P は比例関係であることを示している。

1.3　貨幣数量説と物価決定

古典派経済学は，実物経済は「市場原理」のメカニズムによって経済は自動的に市場均衡に導かれること，それ故に完全雇用は自動的に達成されることを前提にしていると考えることができる。

貨幣数量説においては，貨幣の流通速度 V やマーシャルの k は制度的に決定され，短期的には一定不変であり安定的であると想定されていることから，経済全体の取引量 T，あるいは実質所得水準 y は，貨幣流通量 M とは独立に完全雇用水準に決定されると考えられる[3]。

図 7.1a において，D 曲線は生産物市場の需要曲線であり，$p = \dfrac{M}{k_Y}$ によって表される。S 曲線は生産物市場の供給曲線である。国民所得水準は生産物市場の均衡条件から完全雇用水準 y_F において決定される。(7.1) 式と (7.2) 式はともに平均価格 P や物価水準 p は貨幣供給量（流通量）M によって決定されると説明する。

図 7.1a において貨幣供給量が M_0 のときの物価水準は p_0 であり，貨幣供給量が M_1 に増加したとき物価水準は p_1 である。

貨幣供給量増大の効果を，家計レベルで考えると図 7.1b のように説明することができる。この家計の毎期間の消費者均衡点は点 E_0 であるとする。これ

---

[2]　物価水準 p と平均価格 P との間に一定の関係，$p = \alpha P$ が成立すると仮定する。また，実質国民所得と総取引量との間にも一定の関係，$y = \beta T$ が成立すると仮定する。この関係を，フィッシャー型の貨幣数量説 $MV = PT$ に代入すると，$M = \dfrac{py}{\alpha \beta V}$ となることから，「マーシャルの k」と「貨幣の流通速度 V」との間には，$k = \dfrac{1}{\alpha \beta V}$ の関係が成立することが説明される。

[3]　経験的には貨幣の流通速度は一定ではなく，景気上昇期には上昇し，下降期には低下すること，また趨勢的には経済成長とともに低下する傾向があることが知られている。

図 7.1 貨幣数量説と物価水準の決定

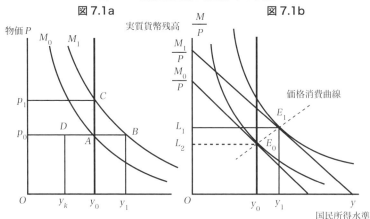

は期首の貨幣保有量が M_0 であり，期間内の貨幣需要量が L_0，財への需要量が y_0 であることを意味している。

いま，物価水準が一定であるとき，この家計の期首の貨幣保有量が M_0 から M_1 に増加すると，消費者均衡点は点 E_0 から点 E_1 へと移動する。すなわち，貨幣需要量は L_0 から L_1 へと増加し，財の需要量は y_0 から y_1 へ増加する。

貨幣数量説の世界においては生産物市場の供給条件は貨幣供給量からは独立であるから，このような期首の貨幣量の増大が経済全体の家計において一様に生じるならば，財市場は超過需要（y_1 と y_0 の幅）となり，生産物の価格が上昇する。この関係は図 7.1a において，物価水準が p_0 から p_1 へと上昇することが説明される。

財の価格上昇は貨幣の実質残高を減少させることによって，それぞれの家計の消費者均衡点が点 E_1 から E_0 の状態に戻るまで生ずることが説明される。

2. 反ケインズ革命とマネタリスト

2.1 新貨幣数量説

1960 年代終わり頃から **M. フリードマン（M. Friedman）** 等が新しいかた

ちで貨幣数量説を復活させた。この**新貨幣数量説**では，流通速度 V やマーシャルの k は安定しているのではなく，それ故に貨幣供給量の変化がただちに物価の変動を招くということは経験的にもないということを認めた上で，時間の遅れをともなって物価の変動を招くと考えるのである。すなわち，この新貨幣数量説の立場は，貨幣需要関数が消費関数に比べてより安定した関数であることを強調するのである。

新貨幣数量説においては，貨幣に対する需要は主に次の5つの要因に依存する安定した関数であるとして，次の（7.4）式のように説明される。

① 富の大きさあるいはその指標としての恒常所得の大きさ

② 物的資本が富の総額に占める割合

③ 貨幣およびその他の資産の期待収益率

④ 貨幣の保有によって得られる効用に影響を与えるその他の変数

⑤ インフレ率期待

$$L = f\left(y,\ \omega\ ;\ r_m,\ r_b,\ r_e,\ \frac{1}{P}\ \frac{dP}{dt}\ ;\ u\ \right) \tag{7.4}$$

ここで，y は恒常所得，ω は富のうちで物的資本で保有される割合，$r_m,\ r_b,\ r_e$ はそれぞれ貨幣，債権，持分権（equity）の名目収益率，$\dfrac{1}{P}\ \dfrac{dP}{dt}$ は物価水準の予想変化率（インフレ率期待），u は④の代理変数である。

2.2 マネタリストのケインズ政策に対する批判

このような新貨幣数量説の立場からのケインズ的財政政策に対する批判は次のようなものである。資本主義経済においては実物経済は市場メカニズムによってやがて効率的な資源配分のもとで完全雇用の状態に到達し，それ故に失業は自然失業率の状態に到達する。このような経済においてケインズ的有効需要拡大政策は，たとえば図 7.1a における点 D から点 A のような有効需要拡大政策ではなく，点 A から点 B へのような過剰雇用政策であると説明するのである。このような過剰雇用政策はやがてインフレ期待を上昇させることによってその政策効果は打ち消され，経済はやがて点 A から点 C のようにインフレ

マインドだけが高まった状態へと移行するというものである。

　ケインジアンとマネタリストによる有効需要政策についてのこのような解釈の差異は，実際の国民所得の水準と失業状態に対する認識に差があることから生じている。ケインジアンは実際に直面している国民所得水準を y_K の水準で非自発的失業がともなっていると考える経済政策を議論しているのに対して，マネタリストは y_0 の水準で国民所得は完全雇用水準であり自発的失業の状態があるという意味で**「自然失業率」**の状態であると考えるため有効需要政策は無効であり，インフレ的であるという意味で有害ですらあると説明するのである。

　このようなケインジアンとマネタリストによる有効需要政策の有効性についての議論の相違についてのもう1つの原因は資本主義経済がどのようにあるべきかという認識の差異でもあるため，政策効果についての分析の可否以上の種々の問題が含まれていると考えなければならないのである。

2.3　古典派経済学の経済観と経済政策

　古典派経済学においては，経済は実物経済部門と貨幣部門とに二分することができ，実物経済の変数は経済全体の貨幣流通量とは独立に決定されると考えるのである。古典派経済学においては貨幣は経済の実物面を覆うベールに過ぎず，貨幣量の増減は経済の実物面には何ら影響を与えないと考えられているのである。このような考え方を**「古典派の二分法」**(classical dichotomy) あるいは**「貨幣ベール観」**と呼んでいるのである。

　このような世界での「政府の役割」は，警察・国防・消防などのように必要最小限度の社会的必要を果たす仕事に制限されるべきであるという，いわゆる**「夜警国家論」**の思想が背景にあるということができる。それ故に古典派経済学においては，政府の予算は常に均衡していることが望ましいとされることになるのである。したがって景気変動を調整するための国債発行や貨幣の増発などによって生ずる政府の赤字財政は経済活動の不安定性を助長し，**「貨幣の中立性」**(monetary neutrality) を攪乱するものであるとして「政府の過誤」に

帰せられるのである[4]。

2.4 ケインズ革命の意義[5]

　古典派の貨幣数量説とマネタリストの新貨幣数量説との関係において，**「ケインズ革命」** は次のように説明することができる。

　①ケインズの **「有効需要の理論」** から，実質所得 y は市場利子率 r との関係から決定されること。②**「流動性選好の理論」** から貨幣需要量 L は利子率 r の減少関数である。この2つの説明から，貨幣数量説におけるマーシャルの k と国民所得は市場利子率の関数であるとして，次のような関係式として考えることができる。

$$\frac{M}{P} = k\ (r)\ y\ (r)$$

　この関係は③**「古典派の二分法」** と **「貨幣ベール観」** を否定するものであり，**「貨幣の中立性」** は成立せず，通貨当局は経済の安定に責任が発生することになるのである。それ故に，④経済の不安定は **「政府の過誤」** によるものではなく，政府は **「夜警国家論」** にもとづいた **「小さな政府」** ではなく，経済が不況の状態においては，赤字財政等によって積極的な財政政策を行って社会資本の形成等によって，長期的な経済政策を考えるべきであるというケインズ的 **「有効需要政策」** の必要性が唱えられることになるのである[6]。

3. インフレーションと貨幣政策

3.1　インフレーションとその弊害

　インフレーション とは，一般物価水準がかなりの長期間にわたって持続的に

---

[4]　これは「小さな政府」の経済学的根拠であるということができる。

[5]　ここでの説明は「ケインズ革命」に対するマネタリストの「反革命」に関する問題意識をまとめたものである。

[6]　このようなケインズ経済学的な政府は，やがてケインズ政策は「大きな政府」を生み出すと批判されることになるのである。

上昇し続けることによって生ずる**「貨幣価値の持続的な下落」**と定義することができる[7]。具体的には，消費者物価水準・卸売物価水準・GNPデフレーターなどによって表される物価水準が上昇する過程である。

インフレーションには，物価上昇の速度によって，クリーピング（忍び足の）・インフレーションとかギャロッピング（駆け足の）・インフレーション，あるいはストローリング（そぞろ歩きの）・インフレーション，ブリスクリーウォーキング（速足）・インフレーションというように呼び分けられることがある。また，ケインズは完全雇用所得水準以上の需要の増大があるときに貨幣数量の増加と同じ率の物価水準上昇が続く段階を「真正インフレーション」と名づけた。

インフレーションは「貨幣価値の持続的な下落」であるから，インフレーションの原因は実物経済での財・サービスの総取引量と比べて経済全体で流通している貨幣供給量が過剰であることである。

《インフレーションの弊害》

インフレーションは貨幣価値の持続的下落による一般物価水準の上昇であり個別価格の変化とは区別して考えなければならない。通常個々の財・サービスの価格の弾力性とその調整速度は異なっており，このために一般的な物価水準の上昇には相対価格の変化がともなうのが普通である。

緩慢なインフレーションは，経済活動が活発になり雇用水準を高く維持するプロセスでは必然的に生じると考えられている。しかし，インフレーションには以下に説明するようにさまざまな問題がある。

---

[7] デフレーション（deflation）とは，本来，物価水準が持続的に下落している状態を示しており，インフレーションと反対の概念である。しかし，今日の経済においては，物価水準はわずかながらでも上昇するのが常態であるために，物価水準のあり方とは別に，企業の産出高が減少したり，雇用量が減少したりする，景気下降期の状態を「デフレーション」と呼んでいる。デフレーション対策としては，金融緩和政策や政府支出政策，減税政策などがある。

円高や開発途上国からの低価格商品の流入による国内消費者物価の下落はデフレーションではないことに注意しなければならない。

①インフレーションは，**貨幣経済の安定性を損なう**こと。特に，企業の投資意欲や家計の貯蓄意欲を減退させて経済全体の有効需要に影響を与え，ひいては経済を停滞させることになる。

②インフレーションによって**相対価格の攪乱的な変化**が生じることによって，資源配分と生産物の最適な生産量決定を損なうこと。

③資源配分にとって**最適な相対価格の実現を妨げる**ことによって，あるいは資産の相対価格の変動を通して，生産や所得あるいは富の分配にさまざまな攪乱効果をもたらし，資源の効率的配分＝最適配分が損なわれること。

④インフレーションには，次のような**「所得再分配効果」**があること。すなわち，インフレーションによって，債務者や利潤取得者は有利になり，不動産や株式のかたちで資産を保有する人は比較的被害を受けない。しかし，利子・地代・俸給のかたちで所得を受ける人々は相対的に不利化する傾向がある。また，資産を預金や社債のかたちで保有している人，あるいは社会福祉などの生活保護を受けている人々にとっては不利になる傾向がある。

⑤国内のインフレーションは，国際的には**輸出財産業の国際競争力を低下**させ，輸出を減少させ，貿易収支を悪化させる傾向がある。また，交易条件の変化（改善）あるいは為替相場への影響を通じて国際収支にも悪い影響を与えることになるのである。

3.2　ディマンド・プル・インフレーション

インフレーションとは「貨幣価値の持続的下落」である。それ故にインフレーションの原因は「貨幣供給量の持続的増加」であることは明白である。

「貨幣供給量の持続的増加」を導く原因には，次の2つがある。①総需要の過度の増加による需要圧力がインフレーションの原因であるとする**ディマンド・プル・インフレーション**と②財・サービスの供給価格の上昇要因にインフレーションの原因があるとする**コスト・プッシュ・インフレーション**である。

ディマンド・プル・インフレーションとは**超過需要インフレーション**であ

り，生産能力を超える総需要の過度の増大によって生ずるインフレーションである。すなわち，完全雇用所得水準における総需要が総供給を上回って，いわゆるインフレ・ギャップが生ずるときにそれ以上の供給量の増加が困難なために生ずるインフレーションである。

ディマンド・プル・インフレーションの原因は，一般的には経済状態が自然に加熱して経済全体の有効需要が過度に増加するために生ずる場合であると考えられる。しかし，戦後の先進工業諸国経験としては，景気停滞期あるいは不況期における政府の景気刺激政策や有効需要拡大政策によって完全雇用水準以上の活動水準で国民経済を運営しようとして，貨幣供給量の増加が持続的に続いた結果であるということができるのである。

ディマンド・プル・インフレーションについての比較静学的分析は図 7.2a を利用して次のように説明することができる。いま，横軸に国民総所得 Y，縦軸に物価水準 P をとると，当初点 A にあったマクロ経済の均衡は総需要曲線の D 曲線から D' への上方シフトによって，一時的には点 B へ移動する[8]。

やがて労働力不足や資源の不足によって，賃金率や資源価格が上昇し総供給曲線が S 曲線から S' 曲線へと上方にシフトすることによって，マクロ経済の均衡は次第に点 C へと移動し物価が上昇することになるのである。

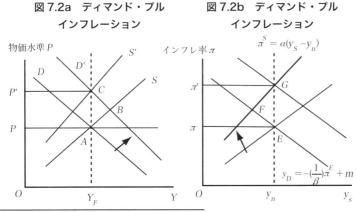

[8] このとき，同時に，貨幣供給量の持続的増加が生じていることが前提である。

《インフレ率供給曲線とインフレ率需要曲線》

　しかし，インフレーションという現象は，本来，動学的な現象であるため，以上のような静学的分析では不十分である。

　ここで π^S を供給条件から見た今期のインフレ率，y_S を実質所得の変化率，y_n を国民所得の自然成長率，α（>0）を供給増加率 y_S が自然成長率 y_n を超える分が価格上昇に与える程度を表す係数，とすると，今期のインフレ率は国民所得が自然成長率を超える分に対応するとして，次の（7.5）式のように表される。

　【インフレ率供給関数】 $\pi^S = \alpha\ (y_S - y_n)$　　　　　　　　　　（7.5）

　次に，y_D を総需要増加率，π^E を期待インフレ率，m を名目貨幣供給増加率，$1/\beta$（>0）を期待インフレ率が需要増加率に与える影響とすると，需要増加率関数は次の（7.6）式のように与えられる。

　【インフレ率需要関数】 $y_D = -\ (1/\beta)\ \pi^E + m$　　　　　　　　（7.6）

　生産物市場の均衡条件（7.7）式に，このインフレ供給関数（7.5）式と需要増加率関数（7.6）式を代入すると次の（7.8）式が導出される[9]。

　【市場均衡条件】 $y_D = y_S$　　　　　　　　　　　　　　　　（7.7）

　$\pi = \{\alpha\beta/\ (\alpha + \beta)\}\ (m - y_n)$　　　　　　　　　　　　（7.8）

　この式は貨幣供給増加率 m が自然成長率 y_n を超えるときインフレーションが発生することを説明している。

3.3　コスト・プッシュ・インフレーション

　コスト・プッシュ・インフレーションとは**費用インフレーション**であり，生産費用の増大によって総供給曲線が上方にたとえば図7.3a において供給曲線 S が S' 曲線へと上方にシフトすることから生ずるインフレーションである。このとき経済は均衡点 A から点 B へと移動する。インフレーションの過程に

---

[9]　生産物市場の均衡条件（7.7）式に，インフレ率供給関数（7.5）式とインフレ率需要関数（7.6）式を代入すると，$\dfrac{\pi + \alpha\,y_n}{\alpha} = -\dfrac{1}{\beta}\pi + m$ となり，$\pi = \dfrac{\alpha\beta}{\alpha + \beta}\ (m - yn)$ が導かれる。

図 7.3a　コスト・プッシュ・
　　　　　インフレーション

図 7.3b　コスト・プッシュ・
　　　　　インフレーション

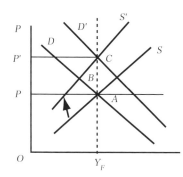
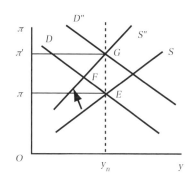

おいて貨幣供給量が増加し需要曲線が D から D' へとシフトアップすることによって，物価水準は P から P' へと上昇するのである[10]。

この過程は図 7.3b のインフレ率需要曲線とインフレ率供給曲線によっても説明することができる。すなわち，生産部門におけるコスト・プッシュ要因によってインフレ率供給曲線が S から S'' へシフトアップすることによって経済は点 A から点 F へと移動する。さらに貨幣供給増加率の上昇によってインフレ率需要曲線が上方にシフトアップすることによって経済はさらに点 G へと移動し越すとプッシュ・インフレーションが発生するのである。

総供給曲線が上方にシフトする原因としては，原材料価格が外生的な力によって上昇することや輸入原材料価格の上昇，あるいは，賃金・俸給や資本の賃貸料等の生産要素価格等がその生産性上昇率を上回る場合に生ずると考えられる。労働組合の労働市場への支配力によって貨幣賃金率が労働生産性の上昇率以上に上昇する場合や企業の市場支配力によって生産物の供給価格が引き上げられる場合などが原因である場合は，**「市場支配力インフレーション」**と呼ばれることもある。

---

[10] このときも，ディマンド・プル・インフレーションの説明と同様に，同時に，貨幣供給量の持続的増加が生じていることが前提で分析されることに注意しなければならない。

3.4 その他のインフレーション

上で説明したインフレーションのほかに，①輸入インフレーションや②社会派型インフレーション，③需要構造変化型のインフレーション，④部門間生産性上昇率格差インフレーション，⑤「スカンジナビアン・インフレーション・モデル」などがある。

①**輸入インフレーション**とは，一般に輸入製品の価格上昇が原因となって生ずる輸入インフレーションであると説明される。しかし，輸入価格の上昇は交易条件の変化とその影響による国内相対価格の変化であって，これだけではインフレーションの原因ということはできない。

「固定為替相場制度」や「調整可能な釘付け制度；アジャスタブル・ペッグ」あるいは「カレンシー・ボード制」等によって外国為替相場の調整が不充分のままに長い年月にわたって輸出超過が続き「不胎化政策」が不充分なままに国内の貨幣供給量の持続的な増加が生じることによって国内経済のインフレーションの原因となる場合を「輸入インフレーション」と説明するべきなのである。

②**社会派型インフレーション**とは，社会的あるいは政治的要因などの非経済的な要因を重視するインフレーションの説明である。たとえば，労働者の所得分配率が高くまた労働組合の経済に対する影響力が大きい経済では，賃金・俸給の上昇率が生産性上昇率を上回り，物価上昇の主な原因となると考えられるのである。

③**需要構造変化型のインフレーション**は，貨幣賃金率や諸価格が下方硬直的であるときに，経済全体の総需要の構成が変化することによって，需要が増大した部門にディマンド・プル型のインフレーションが発生し，他方，賃金率の下方硬直性があるため需要減少部門の供給コストは低下せず，一般物価水準が上昇する。このようなインフレーションは需要シフト・インフレーションとも呼ばれる。

④**部門間生産性上昇率格差インフレーション**は，生産性格差インフレーションとも呼ばれ，産業間の生産性の上昇が不比例的であるために高い生産性上昇率を持つ産業の賃金率が労働市場における賃金上昇圧力となり，これが低生産

性部門にとってコスト・プッシュ要因となって生じるインフレーションである。

⑤ **「スカンジナビアン・インフレーション・モデル」**とはインフレーションの国際波及過程を1つのモデルとして展開したものである。すなわち，為替相場切り下げ国にとっては輸入物価が上昇し，為替相場切り上げ国では価格の下方硬直性によって輸入価格の下落が国内の賃金率や原材料価格に十分には反映しないために一般物価水準に対するディス・インフレーション効果が小さくなるのである。このような場合には，為替相場切り上げ国は輸入品の価格下落効果を享受することはなく輸出国の為替相場切り下げによる物価上昇効果だけを蒙ることになるのである。さらに為替相場切り上げ国の物価が相対的に下がったとしても，超過輸出型のインフレーションによって世界経済全体のインフレーション傾向が促進されることになるのである。

4. マネタリズムと自然失業率仮説

1950年代後半のイギリスやアメリカにおいて，あるいは，1960年代には他の先進工業諸国においても，不況期あるいは景気後退期に消費者物価が上昇する**「スタグフレーション」**現象が見られるようになった。日本においても，1973年と1979年に2回の石油危機において「スタグフレーション」を経験した。**「スタグフレーション」**(stagflation) とは，**「スタグネーション」**(stagnation；停滞) と **「インフレーション」**(inflation) の合成語であり，**「景気後退期のインフレーション」**である。

この「スタグフレーション」の原因は，前節で説明したようなディマンド・プル・インフレーションやコスト・プッシュ・インフレーションでは説明できない新しい形のインフレーションである。本節では，フィリップス・カーブの説明とマネタリストの「期待調整されたフィリップス・カーブ」を説明して「スタグフレーション」の原因とその経済政策について考える。

4.1 フィリップス・カーブ

A. W. フィリップスは，1861–1957年のイギリスにおける失業率と貨幣賃金変化率の関係について統計的調査を行い，失業率と貨幣賃金率との間には図7.4に示されるような逆相関関係があることを説明した。それ以後この曲線は**「フィリップス・カーブ」**と呼ばれ，現代のインフレーション分析にとって経験法則を提示することになった。

図7.4は，横軸に失業率 u, 縦軸に実質賃金率の変化率 $\dot{W}$ をとっている。**「フィリップス・カーブ」**は次の (7.9) 式のように表される。

$$\dot{W} = f(u), \quad f'(u) < 0, \; f''(u) < 0 \tag{7.9}$$

図7.4 フィリップス・カーブ

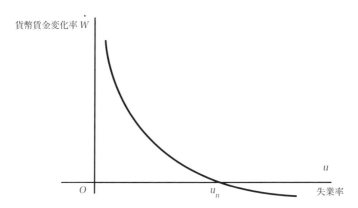

R. G. リプシィー (1960) は，フィリップス・リプシィー仮説では，長期においては貨幣賃金率の変化率は労働市場の超過需要水準によって決定される。また，短期的には輸入物価の変動と生産性の上昇とがこの超過需要とともにインフレ率の決定に影響すると分析し，フィリップス・カーブの概念を経済理論的に精緻化した。

いま，N_s を労働供給量，N_D を労働需要量，w を実質賃金率とすると，労働供給関数は実質賃金率の増加関数として (7.10) 式のように表される。

$$N_s = N_s(w), \quad N_s(w) > 0 \tag{7.10}$$

第7章　貨幣数量説とインフレーション　*127*

労働需要関数は実質賃金率の減少関数として（7.11）式のように表される。

$$N_D = N_D\,(w), \quad N_D\,(w) < 0 \tag{7.11}$$

実質賃金率の下落は労働市場において超過供給率を下落させるが，同時に失業率をも減少させる[11]。いま，N_F を完全雇用量とすると，労働市場の超過供給率と失業率との間には次の（7.12）式のような関係がある。

$$\frac{N_S - N_D}{N_F} = \phi\,(u), \quad \phi'\,(u) < 0 \tag{7.12}$$

この（7.12）式を超過需要率に書き換えると，次の（7.13）式のように表される。

$$\frac{N_D - N_S}{N_F} = -\frac{N_S - N_D}{N_F} = -\phi\,(u) \tag{7.13}$$

労働市場の超過需要の程度（超過需要率）に応じて貨幣賃金率が変化すると仮定するならば，次の（7.14）式のような賃金反応関数 g を想定することができる。

$$\dot{W} = g\left(\frac{N_D - N_S}{N_F}\right), \quad g\,(0) = 0, \quad g' > 0 \tag{7.14}$$

ただし，$\dot{W} = \dfrac{dW}{W}$ である。この賃金反応関数は図 7.5 のように描くことができる。

（7.13）式を（7.14）式に代入すると，貨幣賃金変化率と実際の失業率との間に次の（7.15）式で表される関係が成立することが説明される。

$$\dot{W} = f\,(u), \quad f\,(u_n) = 0, \quad f'\,(u < 0) \tag{7.15}$$

$f\,(u_n) = 0$ は，失業率が自然失業率 u_n の水準であるときには貨幣賃金率の変動が生じないことを表している。ここで，u_n は自然失業率，すなわち，金融緩和政策などの有効需要拡大政策等では引き下げることができない失業率を表している。

---

[11]　この失業率は古典派経済学的な自発的失業率である。

図 7.5　賃金反応関数

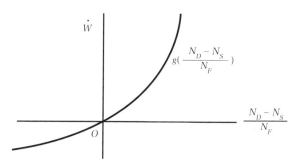

　この (7.15) 式は労働市場の超過需要が正であるとき, 貨幣賃金率が上昇するという意味で, フィリップス・カーブに理論的な説明を与えたものであった。

　いま, 経済全体の平均的賃金コストに一定の**マーク・アップ・レーシォ**を掛けた値で生産物価格が決定されるような管理価格によって物価水準が決定されるとする。y を生産量, q を労働の平均生産性, z をマーク・アップ・レーシォとして, 生産物価格 P と貨幣賃金率 W との間に次のような安定的な関係があるとする。

$$P = \frac{zWN}{Y} = \frac{zW}{q}, \quad z \geq 1, \quad q = \frac{Y}{N} \tag{7.16}$$

　この関係式より, 貨幣賃金率 W の上昇あるいは労働生産性の下落 q, マーク・アップ・レーシォ z の引き上げは, 生産物価格 P を上昇させることが次の (7.17) 式のように説明される。

$$\pi = \dot{W} - \dot{q} + \dot{z} \tag{7.17}$$

　この (7.17) 式に (7.16) 式を代入すると, 次の (7.18) 式が導出される。

$$\pi = f(u) - \dot{q} \tag{7.18}$$

　ここで, マーク・アップ・レーシォ z の持続的変化は非現実的であるから $\dot{z} = 0$ として議論を進めることにする。

　この式は経済全体のインフレーション率 π は労働市場の需要・供給の状態を表す失業率 u と労働生産性上昇率 に依存して決定されることを示している。

いま，図7.6のように，横軸に失業率uをとり，縦軸にインフレーション率πをとる。労働生産性上昇率を一定とすると，P_A曲線のようにインフレ率と失業率との間の**「トレード・オフ関係」**を示す曲線を描くことができる。このように貨幣賃金上昇率$\dot{W}$と失業率uとの間に成立するフィリップス・カーブは，物価上昇率πと失業率uとの間にも成立することが説明されるのである。

図7.6から明白なように，インフレーションの状態は物価の持続的上昇であり，デフレーションの状態は実物経済の停滞である。それ故にインフレーションとデフレーションは物価上昇率についての単純に対称的な概念ではない。

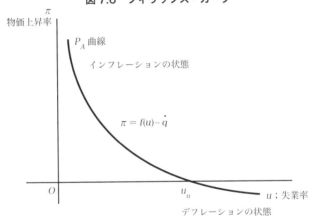

図7.6 フィリップス・カーブ

4.2 長期フィリップス・カーブとマクロ経済政策

1960年代までの常識によれば，経済全体の失業率を減少させるためにはある程度のインフレーションの発生は不可避であり，また，インフレーションを低い水準に維持するためには，どれだけかの失業率の上昇が不可避であると考えられていた。すなわち，インフレーションと失業率との間は**「トレード・オフの関係」**にあると考えられていた。

しかし，1960年代には多くの先進工業諸国において，物価上昇とかなりの水準での失業が存在した。1973年の第一次石油危機と1979年の第二次石油危機によってこの傾向はいっそう顕著となり，失業は増大しインフレーション

は加速して「スタグフレーション」の状態となった。この「スタグフレーション」の状態はフィリップス・カーブの「トレード・オフの関係」の安定性を否定するものであり，マクロ経済政策の理論的前提の一部が覆されることになったのである。

M. フリードマンや E. フェルプスによって代表されるマネタリストたちは，短期のフィリップス・カーブが右下がりになるのは「貨幣錯覚」や「市場の不完全性」などにより公衆の予想物価上昇率の調整が実際の物価上昇に遅れるためであると説明した。すなわち，貨幣賃金率の上昇に対して雇用量が増大するのは，貨幣賃金率の上昇を上回る物価上昇が発生し，実質賃金率が下落しているにもかかわらず労働者が現実の物価上昇率を正確に認識するのに時間がかかり，賃金率が実質的にも上昇したものと錯覚して雇用量が増大するからであり，予想物価上昇率が実際の物価上昇率に一致する長期においては，フィリップス・カーブは垂直になると主張したのである。

《インフレ率期待を導入したフィリップス・カーブ》

1960 年代後半から 1970 年代にわたって貨幣賃金上昇率と失業率との間のトレード・オフ関係が否定され，両者の間に正の相関関係が存在するようになった。この関係は長期的に安定したフィリップス・カーブが**「インフレ率期待」**によって上方にシフトしたことによるものとマネタリストによって説明された。マネタリストがインフレ率期待を導入する根拠は次の 2 つである。

①本来，労働力の需要と供給は古典派の 2 つの公準が示すように実質賃金率を目安とする。失業率を労働市場の需給ギャップを表す代理変数としてみれば失業率とインフレ率との間のトレード・オフ関係は貨幣賃金率ではなくて実質賃金率の変化率と失業率との間に成立する関係である。②その際，実質賃金を算定するためのデフレーターは現在の物価水準ではなく，期待物価すなわち予測される将来の物価水準でなければならない。なぜならば賃金契約は将来の一定期間における貨幣賃金の実質購買力が基準とされるからであり，契約期間内に予想されるインフレ率が高ければ要求貨幣賃金率はそれだけ高くなるので

第 7 章　貨幣数量説とインフレーション　*131*

ある。

　マネタリストは以上の議論からトレード・オフ関係を失業率と期待実質賃金率との間の関係と考え, (7.18) 式を次の (7.19) 式のように修正する。ここで, π^E は期待物価上昇率である。

$$\dot{W} = f\,(u)\, + \pi^E \tag{6.19}$$

　このように「インフレ率期待」の影響を考慮して修正されたフィリップス・カーブは**「期待によって調整されたフィリップス・カーブ」**(expectation augmented Phillips curve) と呼ばれている。

　もっとも簡単なインフレ期待形成仮説を導入すると, 次の (7.20) 式のように表される。

$$\pi^E = \alpha\,\pi_{-1}\,, \qquad 0 \leq \alpha \leq 1 \tag{7.20}$$

　ここで, α は期待係数であり, 期待インフレ率は 1 期間前のインフレ率に対して α の割合で形成されることを意味している。この (7.19) 式と (7.20) 式を (7.17) 式に代入し $\dot{z} = 0$ とすると, 次の (7.21) 式が導出される。

$$\pi = f\,(u)\, + \alpha\,\pi_{-1}\, - \dot{q} \tag{7.21}$$

　この関係式は**「短期フィリップス・カーブ」**と呼ばれ, 経済全体のインフレ率が労働市場の需要・供給の状態を表す失業率 u と 1 期前のインフレ率 π_{-1} および期待インフレ率に対する前期のインフレ率の感応度 α, 労働生産性の上昇率 $\dot{q}$ に依存することを示している。

　いま, 図 7.7 のように, 横軸に失業率, 縦軸にインフレ率をとると, 短期フィリップス・カーブは P_S 曲線や $P_{S'}$ 曲線のようにそれぞれのインフレ率期待に対応して失業率とインフレ率との「トレード・オフ関係」を表す曲線として描かれる。

《長期フィリップス・カーブ》

　長期的にはインフレ率は一定値に収束し, インフレ率と 1 期前のインフレ率とは一致する。したがって長期均衡条件は次の (7.22) 式のように表される。

$$\pi = \pi_{-1} \tag{6.22}$$

図7.7 短期フィリップス・カーブと長期フィリップス・カーブ

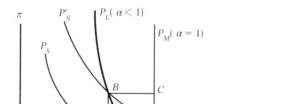

この (7.22) 式を (7.21) 式に代入すると，次の (7.23) 式が**「長期フィリップス・カーブ」**として導出される。

$$\pi = \frac{f(u) - q}{1 - \alpha} \tag{7.23}$$

これは予想インフレ率と実際に実現するインフレ率が等しくなるまでの時間を十分に考慮したときのインフレ率と失業率との関係を示したものである。

ケインズ派のケースにおいては，インフレ期待に対する期待係数 α が，$0 \leq \alpha < 1$ であり，労働者の貨幣錯覚等の存在によって人々はインフレーションを正確に予測し得ないことを前提としているとマネタリストは説明した。この場合には失業率とインフレ率との間にはトレード・オフの関係があり，長期のフィリップス曲線は P_L のように右下がりであると考えられるのである。

マネタリストのケースにおいては，予想インフレ率が実際に実現したインフレ率を正確に反映するものと考える。すなわち，$\alpha = 1$ である。この場合には長期均衡条件を考慮すれば「長期フィリップス・カーブ」の方程式は次の (7.24) 式のように表され，図7.7では，自然失業率 u_n をとる垂線 P_M で描かれている。

$$f(u) = q \qquad f'(u) < 0 \qquad\qquad (7.24)$$

この場合には失業率とインフレ率との間のトレード・オフ関係は消滅している と説明されるのである。

4.3 自然失業率とマクロ経済政策

この節では，前節で説明したマネタリストの**長期フィリップス・カーブ**と **M. フリードマン**の自然失業率仮説の示唆する総需要政策の効果について考える。

いま，雇用水準を高めるために総需要拡大政策を採用して，インフレ率が π へと上昇したとする。この際労働者の期待インフレ率は $\pi^E = 0$ に留まっているとする。企業は実質賃金費用の低下によって超過利潤が発生するために労働需要を増加させるが，その結果貨幣賃金率の上昇率が加速されることになる。他方，労働者のインフレ期待は旧水準に留まるため貨幣賃金率の上昇によって期待実質賃金率が上昇したと錯覚して労働供給量が増大する。このようにして失業率は u_1 に低下して，経済は点 A に移動する。やがて時間の経過とともに労働者のインフレ期待が修正されることによって，労働者は実質賃金率の低下を理解して労働供給を減少させ，企業も貨幣賃金の上昇によって賃金率が旧水準まで上昇するため労働需要を減少させることになるのである。このとき経済は点 A から点 E に移動し，失業率は自然失業率に復帰するのである。マネタリストはこの点 A から点 E へのプロセスをスタグフレーションと考えているのであるが，この状態は過剰雇用の状態であり，本来のスタグフレーションの状態とは異なっている。

4.4 スタグフレーション

以上のフィリップス・カーブによる分析から，スタグフレーションは次のような過程を通して発生すると説明される。

継続的な金融政策の結果として景気の拡大が続くと，やがて労働市場においては労働不足が発生するために名目賃金率が上昇し続けることになる。物価の上昇率よりも名目賃金率の上昇の方が高い限り自発的な失業者が減少し，労働時

間が増加することによって労働供給量が増加し生産量が拡大する。

　しかし，総需要の増大が総供給の増大よりも大きくなるために，物価が上昇し始め，インフレ率が上昇し始める。やがて労働者は名目賃金率の上昇よりもインフレ率の方が高いことから，実質賃金率が低下していることに気がつくために，労働組合は将来のインフレ率を織りこんだ賃金率の引き上げを要求するようになる。企業も物価上昇期においては賃金率の上昇を商品価格に転嫁し易いために賃金上昇を受け入れることになる。このようにして名目賃金率の上昇とインフレーションの悪循環が生じるのである。労働供給が拡大している状態においてインフレ率が賃金率の上昇率よりも高くなると実質賃金率が低下しているため失業率は上昇することになる。このような過程が失業率が上昇しているのにインフレ率も上昇しているというスタグフレーションの状態であると説明するのである。

　このマネタリスト的な説明によるスタグフレーションの議論は，自然失業率よりも低い水準の失業率の範囲における説明であり，完全雇用水準に対応する自然失業率以下の状態である過剰雇用を前提とした議論であることに注意をしなければならない。

第8章

流動性選好理論と金融政策

1. 流動性選好の理論

　資産の保有形態としては，**現金**（＝貨幣保有）のほかに高い収益性を持つ株や債権，**定期性預金**などがある。現金はそれ自体なんら収益を生まないものであるのになぜ人々は貨幣を保有するのだろうか。この問に対してJ. M. ケインズは，利子はその**流動性**を手放すことに対する代償であると説明する。すなわち，貨幣は**高い流動性**故に保有されるのである。ここで**流動性**とは「損失なしに短期間の通告によって換金できる性質の資産」をいう[1]。

　ケインズの**「流動性選好の理論」**では，利子率は貨幣の需給状態によって決定されると説明される。この利子率の水準が**投資**の大きさに影響を及ぼし，この投資規模が有効需要の大きさを決定することを通じて，貨幣量の変動が経済の実物面に影響を及ぼすことを説明するのである。

1.1　貨幣の需要と流動性選好の理論

　ケインズは貨幣保有（貨幣需要）の動機を次の3つに分類した。①**取引的動機に基づく貨幣需要**，②**予備的動機に基づく貨幣需要**，③**投機的動機に基づく貨幣需要**の3つである。

---

[1]　いま，Pを物価水準とすると，貨幣の実質収益率は$-\dfrac{\dot{P}}{P}$（マイナス・インフレ率）であり，貨幣を保有することの機会費用は預金金利率等の利子率である。

a．取引的動機と予備的動機に基づく貨幣需要

取引的動機（transaction-motive）**に基づく貨幣需要**とは，企業や家計の経常的な取引のための貨幣需要である。この貨幣需要は収入と支出のタイミングのずれによって生ずると説明することができる。企業は日常的な生産・販売活動にともなって，売上代金を回収し収入を得るが，同時に原材料の仕入れ代金の支払いや賃金俸給の支払い，銀行への利子支払い・借入れ元本の一部返済等のために，常に一定額の貨幣を保有することが必要である。このように企業の日常的な取引においては収入の時期と支出の時期は常に一致することはない。このタイミングのズレを埋めるために常に一定の額の貨幣が必要である。このような貨幣需要量は取引量・取引額に比例すると考えることができる。

同様に，家計においては賃金・俸給等の所得を稼得して次の収入を得るまでの期間にわたって経済活動にともなう支出が必要である。その期間に保有する貨幣が家計の貨幣需要である。家計の貨幣需要は家計の所得に比例すると考えることができる。

貨幣は他の金融資産と異なって利子等の収益を産まないにもかかわらず，その収益性を機会費用としてもモノを買うためのメリットが大きい分だけ保有されるという動機を強調する理論として**取引動機仮説**（transaction theory）がある。

《ボーモル＝トービン・モデル》

貨幣保有の便益とはその利便性である。すなわち，財・サービスの購入の際に銀行に行って貨幣を引き出す不便を避けるために貨幣を保有すると説明されるのである。この利便性の費用は銀行の預金口座に残しておけば得られる利子収入である。

いま，ある個人の１年間の収入が年に一度銀行に振り込まれ，そのうちのＹの額を引き出して支出すると考える。彼は１年間に銀行にＮ回行って貨幣を口座から引き出すと考える。このとき彼の貨幣についての平均保有額は $\dfrac{Y}{2N}$ である。利子率を i とすると，失われた利子収入は $\dfrac{iY}{2N}$ となる。ここで，F を銀行

から一定額の貨幣を引き出すときの費用とすると，総費用は FN である。ここで彼の総費用 C は，失われた利子費用と銀行から引き出すための費用の合計額である。この関係は次の式で表すことができる。

$$C = \frac{iY}{2N} + FN \tag{8.1}$$

この式を彼が1年間に銀行に行く回数 N について微分してゼロとおくことによって，最適回数 N_e を導出することができる。

$$\frac{dC}{dN} = -\frac{iY}{2N^2} + F = 0 \qquad N_e = \sqrt{\frac{iY}{2F}} \tag{8.2}$$

また，貨幣の最適保有額は次のように計算することができる。

$$\frac{Y}{2N_e} = \frac{Y}{2\sqrt{\frac{iY}{2F}}} = \sqrt{\frac{FY}{2i}} \tag{8.3}$$

この式から，銀行からの引出し費用 F が大きいほど，総支出額 Y が大きいほど，利子率 i が低いほど，彼の貨幣の保有額が大きいことが説明される[2]。

《予備的動機に基づく貨幣需要》

予備的動機（precautionary-motive）に基づく貨幣需要とは，将来の予期しない支払いに備えて保有する貨幣需要である。この大きさは取引的動機と同じように経済活動の水準名目所得に比例すると考えることができる。

取引的動機に基づく貨幣需要と予備的動機に基づく貨幣需要の合計額を L_1 とおくと，L_1 は実質国民所得 Y の増加関数として，次の（8.4）式のように表すことができる。

$$L_1 = L_1(Y), \qquad L_1{}'(Y) > 0 \tag{8.4}$$

---

[2] このモデルは，貨幣的資産（現金と当座預金）と非貨幣的資産（株式と債券）との間の資産選択の理論として説明することもできる。この場合 i は貨幣的資産の収益率と非貨幣的資産の収益率との差異であり，F は非貨幣的資産を貨幣的資産に変換するときの費用である。

138

　これは日常の経済活動を円滑に行うために一定の貨幣を手元に持つ必要があることを意味しており，また経済活動水準が高まればより多くの貨幣が必要であることを意味している。

　予備的動機と取引的動機に基づく貨幣需要 L_1 は，図8.1の第四象限の曲線のように一定の経済活動水準（＝所得水準）に対応した直線として表される。

b．投機的動機に基づく貨幣需要

　投機的動機（speculative-motive）に基づく貨幣需要は，資産としての貨幣保有動機である。この貨幣需要は，債権価格が将来下落すると予想されるときは，この債権を保有し続けると損害が発生し，債権価格が下落した時点で債権を購入するならば利益を得ることができると予想するために，現在時点では債権を保有せずに将来の債権購入を目的として貨幣を需要しようとする動機を説明するものである。この**投機的動機**に基づく貨幣需要は利子率に関して減少関数であることが説明される。

　いま，簡単化のために毎期1円の利子を生む確定利付永久債権（コンソル債券）を考える。このコンソル債券の市場価格 P_B は市場利子率 r の逆数に等しくなることが，次の（8.5）式のように説明される。

$$P_B = \frac{1}{1+r} + \frac{1}{(1+r)^2} + \cdots + \frac{1}{(1+r)^n} = \frac{1}{r} \quad (n \to \infty) \qquad (8.5)$$

同様に債券の将来期待価格 P^e_B は期待市場利子率 r^e の逆数として表される。

$$P^e_B = \frac{1}{r^e} \qquad\qquad\qquad (8.6)$$

　すなわち，現行の市場利子率 r の上昇は債券価格 P_B を下落させ，逆に現行の市場利子率 r の下落は債券価格 P_B を上昇させる。

　静学的期待を前提として考えるならば，現行の市場利子率の上昇（低下）は同時に人々の将来の予想市場利子率 r^e を低下（上昇）させると考えることができるため将来の債券予想価格 P^e_B を上昇（下落）させる。その結果，**キャピタル・ゲイン**が発生（キャピタル・ロスの発生）すると予想されるために，債券

需要が増加（減少）して，投機的動機に基づく貨幣需要は減少（増加）することになるのである。

このように投機的動機に基づく貨幣需要 L_2 は利子率 r の減少関数であることが説明される。次の（8.7）式のように表すことができる。

$$L_2 = L_2 \ (r) \ , \qquad L_2{}' \ (r) \ < \ 0 \tag{8.7}$$

ここで，市場利子率が非常に低い水準では貨幣需要は無限大となる。これはこの利子率の水準では債券価格は上限に達していると考えられるためにやがて債券価格は暴落すると期待され，債券保有による期待収益率がマイナスになることを恐れて，投機的動機に基づく貨幣需要が無限大になることを意味しているのである。この関係は次の（8.8）式のように表される。

$$\left. \frac{dL_2}{dr} \right|_{r = r_0} \to -\infty \tag{8.8}$$

このように貨幣需要の利子感応度が無限に弾力的になる部分は**「ケインズの流動性のわな」**（liquidity trap）と呼ばれる。

1.2　市場利子率と国民所得との関係

貨幣需要 L は取引的動機と予備的動機に基づく貨幣需要 L_1 と投機的動機に基づく貨幣需要 L_2 の合計であるから，次の（8.9）式のように表される。

$$L = L_1 + L_2 \tag{8.9}$$

名目貨幣供給量を $\overline{M}$ とし，P を物価水準とすると，実質貨幣供給量（＝実質残高）は以下の（8.10）式のように表される。

$$\frac{M}{P} = \frac{\overline{M}}{P} \tag{8.10}$$

したがって，貨幣市場の均衡式は,(8.4) 式と（8.7）式を考慮することによって，次の（8.11）式のように表される。

$$\frac{\overline{M}}{P} = L_1 \ (Y) + L_2 \ (r), \quad L_1{}' \ (Y) > 0 \ , \quad L_2{}' \ (r) < 0 \tag{8.11}$$

この（8.11）式は，財市場の均衡条件から決定された国民所得 Y に対応し

て取引および予備的貨幣需要 L_1 の大きさに決まると，貨幣需要は投機的動機に基づく貨幣需要 L_2 との合計が貨幣供給量 $\dfrac{M}{P}$ と等しくなるように決定されることを表している。

1.3 LM 曲線の導出

1.3.1 図による説明

縦軸を市場利子率 r 横軸を国民所得 Y として，図 8.1 を利用して貨幣市場の均衡条件を考える。

国民所得が Y_0 のとき，予備的動機と取引的動機に基づく貨幣需要は L_1^0 であり，貨幣市場の均衡条件をもたらすためには投機的動機に基づく貨幣需要は L_2^0 でなければならない。市場利子率 r_0 のときこの貨幣市場の均衡条件が満たされることになるのである。

図 8.1 流動性選好の理論

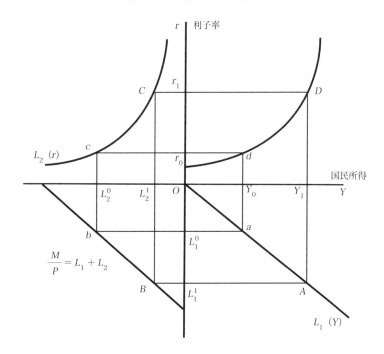

第 8 章　流動性選好理論と金融政策　*141*

また，国民所得がより高い水準の Y_1 のときには，予備的動機と取引的動機に基づく貨幣需要はより大きい値の L_1^1 であり，貨幣市場の均衡条件をもたらすためには投機的動機に基づく貨幣需要はより少ない水準である L_2^1 でなければならない。そのためには，市場利子率はより高い水準の r_1 であるとき，貨幣市場の均衡条件が満たされることになるのである。

1.3.2　*LM* 曲線の導出

図8.1 で導出した *LM* 曲線は（8.11）式で表され，貨幣市場の均衡条件を説明している。

この（8.11）式を，国民所得 Y と利子率 r について微分して整理すると，次の（8.12）式が導出される。

$$\frac{dr}{dY} = -\frac{L_{1Y}}{L_{2r}} > 0 \qquad \text{as} \qquad L_{1Y}\ (Y) > 0\ , \quad L_{2r}\ (r) < 0 \qquad (8.12)$$

ただし，**「ケインズの流動性のわな」**においては，$L_{2r}\ (r) \to \infty$ であるから，*LM* 曲線の傾きは水平となる（$\frac{dr}{dY} = 0$）。

1.3.3　貨幣供給量の差異と *LM* 曲線の位置

（8.11）式を，国民所得水準と市場利子率を名目貨幣供給量 M に関して偏微分すると，次のような関係が導出される。

$$\frac{\partial Y}{\partial M} = \frac{1}{PL_{1Y}} > 0\ , \qquad\qquad \frac{\partial r}{\partial M} = \frac{1}{PL_{2r}} < 0$$

一定の物価水準と市場利子率のもとで，名目貨幣供給量が増加すると，*LM* 曲線はより高い所得水準（右側）に対応した位置にあることが説明される。あるいは，一定の所得水準のもとでは，名目貨幣供給量が増加すると *LM* 曲線は，ケインズトラップの状態以外の位置においては，より低い市場利子率に対応する位置にあることが説明される[3]。

---

[3]　ここで展開した同様の数式によって，貨幣政策の効果を *LM* 曲線のシフトとして説明する場合がある。しかし，貨幣政策の影響をこの *LM* 曲線のシフトとして議論す

図 8.2 貨幣供給量が多い経済の LM 曲線

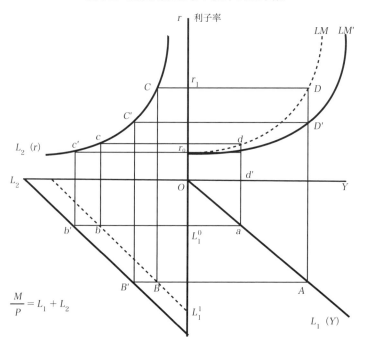

2. 貨幣供給量のコントロール

2.1 預金準備とハイパワード・マネー

　ある時点において存在している貨幣残高を，**マネー・サプライ**（貨幣供給量あるいは通貨供給量）と呼んでいる。この場合，供給者は日本銀行と民間銀行である。現金通貨は日本銀行が供給者であるが，預金通貨は民間銀行が供給者である。しかし，実際に供給された貨幣量は同時に需要された貨幣量でもあるから，マネー・サプライと呼ばずにマネー・ストックという方が適切である。
　市中銀行（民間銀行）は，各種の預金債務に対して一定の比率（**預金準備率**）

るためには，このマクロ・モデルにおいては金融システムとそのもとでのそれぞれの経済主体の経済的行動を動学的に考察することが必要である。

で準備を中央銀行（日本銀行）の当座預金等として保有すること（日銀預け金）が義務づけられている。各種預金についての準備率は定期性預金かその他の預金かの差異によって，また，預金残高の大小によって，下記の表8.1のように定められている[4]。

　この制度は預金準備制度と呼ばれる。これは銀行の準備の保有を強制することによって民間銀行の預金者に対して預金と法貨の交換を保証し，通貨制度に対する社会的な信頼を維持することが目的の1つである。また，この制度によって金融当局が金融市場において貨幣供給量をコントロールすることができるということがもう1つの目的である。

　日本の準備制度において，正式に準備と認められるのは民間銀行が日本銀行の当座預金口座に保有する日銀預け金だけである。また，超過準備とは日銀預け金のうちで法定を上回る分である。銀行において保有される現金は**手許現金（vault cash）**と呼ばれ，法定の準備や超過準備とは区別されている。民間銀

表8.1　預金についての準備率

預金についての準備率（%）			実施日86年 7月1日	実施日91年 10月16日
銀行・長期信用銀行・外国為替銀行・相互銀行・信用金庫（相互銀行・信用金庫の適用先・年度末残高1,600億円超）	定期性預金（含譲渡性預金）	2兆5千億円超	1.75	1.2
		1兆2千億円超～2兆5千億円以下	1.375	0.9
		5000億円超～1兆2千億円超～	0.125	0.05
		500億円超～5000億円超～	0.125	0.05
	その他の預金	2兆5千億円超	2.5	1.3
		1兆2千億円超～2兆5千億円以下	2.5	1.3
		5000億円超～1兆2千億円以下	1.875	0.8
		500億円超～5000億円以下～	0.25	0.1
農林中央金庫	定期性預金（含譲渡性預金）		0.125	0.05
	その他の預金		0.25	0.1

（出所；日本銀行「金融経済統計」）

---

[4] 債権残高についての準備率も別途定められている。

144

行が短期金融市場の金融資産を保有することによって預金引出しの準備として機能させることができる。これらの手許現金や短期金融資産は法的な意味では準備ではないが，それに準ずるものとして「支払準備」と呼ばれる。

中央銀行の債務である現金通貨および民間金融機関が保有する中央銀行への預け金はマネタリー・ベースあるいは**ハイパワード・マネー**（high powered money）と呼ばれる。

2.2 市中銀行の信用創造メカニズム

管理通貨制度のもとでは，総貨幣供給量は現金通貨と預金通貨によって構成されている。中央銀行は発券銀行として，その時々の民間および政府の資金需要および金融政策に応じて銀行券の発行という形で現金通貨を創出する。したがって，現金通貨の供給は主として中央銀行によって決定される。これに対して，預金通貨量は市中銀行が預金を受け入れることによって決済手段（貨幣）を供給するシステムから創造される信用供与によって決定される。

信用創造のプロセスを見るためには，まず預金を本源的預金と派生的預金とに区別して考える必要がある。**本源的預金**とは，現金または直ちに現金に換えうる資産の預け入れをともなうものであり，その引出しは市中銀行からの現金貨幣の流失をともなうものである。**派生的預金**とは，銀行の貸付けや証券投資から銀行信用によって派生的に生ずる預金であり，有価証券の売り手や貸付けの借り手のために銀行自体に対する請求権を当座預金として創設されたものである。これらは貨幣に対する要求払いの請求権であり，それ自体が通貨として機能するものである。

市中銀行は預金者の預金払戻しに対処するため，預金残高の一定割合を現金で保有することを義務づけられている。これを**法定準備金制度**といい，この割合を**「現金準備率」**という[5]。

いま，A銀行が1,000万円の本源的預金を受け入れたとき，この本源的預

---

[5]　日本銀行における実際の法定準備率は表8.1で見たように0.1％程度である。本源的預金が1,000万円ならば，1/0.001 ＝ 1000であるから，派生預金総額は100億円である。

金の増加が銀行組織全体としてどのくらいの信用創造力があるかについて考える。現金準備率 α が10%であるとすると，増加した本源的預金の10%にあたる100万円を支払準備として保有しなければならない。残りの900万円については，すべて貸し付けるとすると，A銀行のバランス・シートは，次の表8.2aのように書くことができる。

表8.2a.　A銀行

現金準備	100万円	本源的預金	1,000万円
貸出し	900万円		
	1,000万円		1,000万円

表8.2b.　B銀行

現金準備	90万円	預金	900万円
貸出し	810万円		
	900万円		900万円

表8.2c.　C銀行

現金準備	81万円	預　金	810万円
貸出し	729万円		
	810万円		810万円

表8.2d.　D銀行

現金準備	729万円	預金	729万円
貸出し	656.1万円		
	729万円		729万円

A銀行から貸出しを受けた a 企業が取引きの決済を行い全額を B銀行の b 企業当座預金に振り込んだとする。A銀行と同様に B銀行も預けられた預金の10%（90万円）を支払準備として現金で保有し，残り810万円を貸付けに回すことになる（表8.2b）。このような銀行間の貸出しプロセスを表8.2c，表8.2dのように考えていくと，それぞれの銀行の貸出し額が100%派生預金として銀行組織内にとどまる限り，銀行組織全体として新たに創造される派生預金を含めた預金総額 ΔD は最大限では，次の（8.13）式のように計算される。

$$\Delta D = 1,000 + 900 + 810 + 729 + \cdots$$

$$= \left[1 + \frac{9}{10} + \left(\frac{9}{10}\right)^2 + \left(\frac{9}{10}\right)^3 + \cdots + \left(\frac{9}{10}\right)^n + \cdots \right] \times 1,000$$

$$= \left(\frac{1}{1 - \frac{9}{10}} \right) \times 1,000 = 10,000 \tag{8.13}$$

したがって，本源的預金の増加額 ΔD_0 と預金総額の増加額 ΔD との間には，次の（8.14）式が成立する。

$$\varDelta D = \frac{1}{\alpha}\varDelta D_0 = \frac{1}{\alpha}\varDelta R \tag{8.14}$$

このように預金残高は増加した本源的預金の準備率の逆数倍になることが説明される。この準備率の逆数は**信用乗数**，あるいは**貨幣乗数**と呼ばれる。

一方，銀行組織全体の新たな貸出し総額$\varDelta L$は次のように計算され，預金総額から本源的預金を差し引いた額となる。

$$\varDelta D = 900 + 810 + 729 + \cdots$$

$$= \left[\frac{9}{10} + \left(\frac{9}{10}\right)^2 + \left(\frac{9}{10}\right)^3 + \cdots + \left(\frac{9}{10}\right)^n + \cdots \right] \times 1,000$$

$$= \frac{9}{10} \times \left(\frac{1}{1-\frac{9}{10}} \right) \times 1,000 = 9,000 \tag{8.15}$$

以上の説明から，銀行組織全体を1つの貸借対照表として表すと，次の表8.3のように表される。

表8.3 銀行組織全体

現金準備	R	1,000 万円	本源的預金	D_0	1,000 万円
貸 出	L	9,000 万円	派生的預金	D	9,000 万円
		10,000 万円	預金残高	D	10,000 万円

銀行組織全体の現金準備の増加額$\varDelta R$は次の（8.16）式のように計算することができる。

$$\varDelta R = 100 + 90 + 81 + 72.9 + \cdots$$

$$= \frac{1}{10} \times \left(\frac{1}{1-\frac{9}{10}} \right) \times 1,000 = 1,000 \tag{8.16}$$

上記の信用創造のメカニズムは，中央銀行が市中銀行の準備供給量を増加させる場合についても同様の過程として説明することができる。すなわち，中央銀行が政策的に市中銀行の準備供給量を1,000万円増加させたとすると，預金準備率$\alpha = 0.1$のとき，市中銀行の預金量は銀行組織全体として10,000万

円増加することになるのである。

2.3 公衆が現金を保有する場合の信用創造

　前節の信用創造の説明は，公衆は現金を保有しないで通貨はすべて銀行組織内に還流するということを仮定した。しかし，実際には企業から企業への日々の支払いや企業から家計への賃金・俸給支払い，そして家計の消費支出などのために銀行組織外において現金が保有される。

　このようなより現実的な説明のためには，公衆が現金を保有する場合を考慮して信用創造のメカニズムを一般化して考察しなければならない。

　貨幣供給量 M は，市中銀行の預金総額 D と公衆の選好によって決定される現金通貨保有量 C の合計であるから，次の（8.17）式が成立する。

$$M = C + D \tag{8.17}$$

　マネタリー・ベース H は，公衆の現金保有額 C と市中銀行が日本銀行の当座勘定に保有する現金準備 R の合計であり，中央銀行によって直接的に管理されている。この関係は次の（8.18）式のように表される。

$$H \equiv C + R \tag{8.18}$$

　貨幣供給量とハイパワード・マネーの間には次の（8.19）式の関係が成立する。

$$\frac{M}{H} = \frac{C + D}{C + R} \tag{8.19}$$

　公衆の選好によって決定される現金通貨と預金通貨の比率（**現金／預金比率 currency-deposit ratio**）を $\beta \times 100\%$（ $0 < \beta < 1$ ）とすると，次の（8.20）式が成立する。

$$C = \beta D \tag{8.20}$$

　また，銀行の預金準備率（**準備／預金比率；reserve-deposit ratio**）を $\alpha \times 100\%$ とすると，銀行組織全体としての貸借対照表から次の（8.21）式が成立する。

$$R = \alpha D \tag{8.21}$$

148

(8.21) 式を考慮して，(8.19) 式は次のように変形することができる。

$$M = \frac{C + D}{C + R} H = \frac{\beta D + D}{\beta D + \alpha D} H = \frac{1 + \beta}{\alpha + \beta} H \qquad (8.22)$$

すなわち，貨幣供給量はマネタリー・ベース H および，現金準備率 α の大きさをコントロールすることによって，(8.22) 式のように貨幣供給量を調整する貨幣政策の手段を示すことができるのである。

この (8.22) 式の $m = \dfrac{1 + \beta}{\alpha + \beta}$ は，**貨幣乗数 (money multiplier)** と呼ばれ，マネタリー・ベースが 1 円増加すれば貨幣供給は m 円増加することが説明される。マネタリー・ベースは貨幣供給に乗数倍の影響をもたらすことから**ハイパワード・マネー (high-powered money)** とも呼ばれる。

いま，預金準備比率 α を 1%，現金／預金比率 β を 0.4 とすると，貨幣乗数は次のように計算される。

$$m = \frac{1 + \beta}{\alpha + \beta} = \frac{1 + 0.4}{0.01 + 0.4} \fallingdotseq 3.4$$

マネタリー・ベース H を 80 兆円とすると[6]，貨幣供給量 M は 272.8 兆円と計算される。

$$M = mH = 3.41 \times 80 \text{ 兆円} = 272.8 \text{ 兆円}$$

《BIS 規制》

銀行の経営内容の安定度を図る指標の 1 つに BIS 規制がある。この指標が高い数値であるほど預金の返済能力が高いと評価される。BIS とは国際決済銀行 (Bank of International Settlement) の略であり，そのメンバー銀行は自己資本比率を 8%以上に維持しなければならないという国際ルールが設定されている。自己資本とは銀行の財産であり，企業などへの貸出し，現金，他の企業の株式保有額，等の総額のうち返さなくてもいい分で定義される。

---

[6] 2002 年 1 月のマネタリー・ベース（＝「日本銀行券発行高」＋{貨幣流通高}＋「日銀当座預金」）は日本銀行が供給する通貨であり，季節調整済みデータで 800,264 億円である。

$$自己資本比率＝\frac{資\ 本\ 金\ +\ 利益準備金}{貸\ 出\ し\ +\ 債券投資}$$

（利益準備金に株式の含み益の 45％を再評価準備金に算入可）

　この自己資本比率規制が **BIS 規制**と呼ばれる。自己資本に，貸出しや債券投資などの資産に対する資本金や株式の含み益の 45％を再評価準備金として参入することができる[7]。

　この BIS 規制のもとでは自己資本比率（0.08）＝自己資本 / 資産より，資産＝自己資本 / 自己資本比率（0.08）＝ 12.5 であるから，銀行は自己資本の12.5 倍の資産しか保有できないことになる。いま，株価が低下して自己資本比率が 8％を割ると銀行は貸出しなどを減少させて運用資金を減少させるか，株式などを発行して自己資本を増加させなければならない。しかし，株価低迷時に株式の新規発行は困難であるから，貸出しを減少させることになるのである。

　この BIS 規制とは，金融機関の自己資本比率が株価に依存する制度であり，株式市場が不振のときには銀行の貸出しは減少し，不況をさらに深刻化させる傾向があると考えられている。また，景気過熱時には銀行の貸出しは加熱するというように，BIS 規制は景気に対して不安定な傾向があるのである。

《貨幣乗数》

　貨幣乗数についての以上の説明から，次の 3 つの項目について説明することができる。

1．貨幣供給量 M はマネタリー・ベース H に比例する。
2．準備・預金比率 α が低いほど，貨幣乗数が大きな値をとり，銀行はより多額の資金を貸し出すことから，一定の預金準備に対して市中銀行が創造する貨幣数量も大きくなる。

---

[7]　BIS 規制をクリアーするための，株式の含み益の 45％を再評価準備金に算入するための時価評価等は，取得原価主義の崩壊であり，日本的経営の基盤の 1 つが終焉したと考えられる。その結果として「含み益」や「含み資産」の意味が無くなることによって日本企業の基盤が弱体化することになったのである。

3．現金・預金比率 β が低いほど，マネタリー・ベースの中で公衆が現金と
して保有する比率が小さくなり，銀行が準備として保有する比率が大きく
なることから，貨幣乗数 m が大きな値をとり，市中銀行が創造できる貨
幣も増加する。

3．金融政策の方法

中央銀行が市中の貨幣供給量をコントロールするための金融政策の手段
は，①**公開市場操作**（open market operation），②**公定歩合操作**（official
discount rate control），③**預金準備率操作**（reserve requirement control），
の3つの方法がある。これに加えて日本の現状としては，「窓口規制」と通称
されるアベイラビリティに対する1種の直接的規制が重要な役割を果たして
いるといわれている。

3.1　公開市場操作

公開市場操作（open market operations）とは，中央銀行が有価証券（主
として国債，債券や手形）を直接的にまたは間接的に公開市場で売買することに
よって市中の貨幣量（マネタリー・ベース＝ハイパワード・マネー）を増減させる
こと（$\varDelta H$）によって市中の流動性の大きさ（$\varDelta M$）に影響を与え，あるいは，
市場利子率に影響を与えることによって市中の流動性の大きさに影響を与えよ
うとするものである。

これは，（8.22）式をマネタリー・ベース H の変化率と貨幣供給量 M の変
化率との関係で表すと次の（8.23）式のように表される。

$$\varDelta M = \frac{1+\beta}{\alpha+\beta}\varDelta H \tag{8.23}$$

《買いオペレーション》

手形や国債の売買による**公開市場操作**について，次の表8.4a と 8.4b によっ

第8章　流動性選好理論と金融政策　*151*

て説明される。中央銀行が国債100万円を市中銀行から購入（買いオペ）し，国債の購入代金を民間銀行の口座に振り込むことによって，民間銀行の中央銀行預け金が100万円増加することになり，マネタリー・ベースを増加させる。

買いオペレーション

表 8.4a　中央銀行

（資産）		（負債）	
国債	＋100	準備	＋100
		（中央銀行預け金）	

表 8.4b　市中銀行

（資産）		（負債）	
準備	＋100		
国債	−100		

　中央銀行の証券購入によって市中の貨幣量を増大させようとするこのような公開市場操作は，**「買いオペレーション」**と呼ばれ，**金融緩和的な政策**である。売買の対象に長期債権が含まれる場合は，公開市場操作は長期利子率に影響を与えることになり，民間の投資活動に影響を与えることになる。

《売りオペレーション》

　「売りオペレーション」とは，市中の貨幣量を引き締めようとする場合であり，中央銀行が市中銀行に国債等の証券を売却することによってマネタリー・ベースの供給が減少する**金融引締め政策**である。その他，納税によって民間部門から政府部門へ貨幣が移転する場合もマネタリー・ベースの減少となる。

3.2　公定歩合操作（基準割引率および基準貸付利率）[8]

　1973年以後の日本銀行が採用した公定歩合は表8.5のように推移している。

　公定歩合操作とは，中央銀行が市中銀行に対して貸出しを行う際の利子率（**公定歩合；discount rate**）を変更することによって，市中における資金の供給量を調整しようとする政策である。具体的には中央銀行が割り引く手形の再割引率を変更することによって，市中銀行の借入れ費用を変化させ，市中銀行の貸出しや証券投資に影響を与えようとする政策である。

---

[8]　平成18年（2006年）8月から「公定歩合」という名称は廃止され政策金利としての役割が消滅した。

152

　貨幣供給量の制限が目的とされるときには，公定歩合を引き上げて中央銀行の貸出しを減少させ，これにともなって市中銀行は民間に対する資金供給の制限を余儀なくさせるのである。逆に金融を緩和しようとするときには，公定歩合を引き下げ中央銀行貸出しの増加を通じて，市中銀行による対民間貸出しの増加を促すことができるのである。

表 8.5　基準割引率および基準貸付利率（公定歩合）の推移

実施年月日	r_1	r_2	実施年月日	r_1	r_2
昭和 48 年 4 月 2 日	5.00	5.25	61 年 1 月 30 日	4.50	4.75
5 月 30 日	5.50	5.75	3 月 10 日	4.00	4.25
7 月 2 日	6.00	6.25	4 月 21 日	3.50	3.75
8 月 29 日	7.00	7.25	11 月 1 日	3.00	3.25
12 月 22 日	9.00	9.25	昭和 62 年 2 月 23 日	2.50	2.75
50 年 4 月 16 日	8.50	8.75	平成 1 年 5 月 31 日	3.25	3.50
6 月 7 日	8.00	8.25	10 月 11 日	3.75	4.00
8 月 13 日	7.50	7.75	12 月 25 日	4.25	4.50
10 月 24 日	6.50	6.75	2 年 3 月 20 日	5.25	5.50
52 年 3 月 12 日	6.00	6.25	8 月 30 日	6.00	6.25
4 月 19 日	5.00	5.25	3 年 7 月 1 日	5.50	5.75
9 月 5 日	4.25	4.50	11 月 14 日	5.00	5.25
53 年 3 月 16 日	3.50	3.75	12 月 30 日	4.50	4.75
54 年 4 月 17 日	4.25	4.50	4 年 4 月 1 日	3.75	4.00
7 月 24 日	5.25	5.50	7 月 27 日	3.25	3.50
11 月 2 日	6.25	6.50	5 年 2 月 4 日	2.50	2.75
55 年 2 月 19 日	7.25	7.50	9 月 21 日	1.75	2.00
3 月 19 日	9.00	9.25	7 年 4 月 14 日	1.00	1.25
8 月 20 日	8.25	8.50	9 月 8 日	0.50	0.75
昭和 55 年 11 月 6 日	7.25	7.50	平成 13 年 2 月 13 日	0.35	
56 年 3 月 18 日	6.25	6.50	3 月 1 日	0.25	
12 月 11 日	5.50	5.75	9 月 19 日	0.10	
昭和 58 年 10 月 22 日	5.50	5.25	平成 18 年 7 月	0.40	

（出所：日本銀行金融経済統計）

注 1；平成 18 年（2006 年）8 月以降，公定歩合の政策金利の役割が消滅した。

注 2；r_1：商業手形ならびに国債，特に指定する債券または商業手形に準ずる手形を担保とする貸付利子率，r_2；その他のものを担保とする貸付利子率

3.3 支払準備政策

支払準備政策とは準備率操作ともいわれる。市中銀行が預金に対して保有すべき最低支払準備率を経済事情に応じて変更することによって，市中銀行の貸出し規制をしようとするものである。すなわち，法定準備率 α を変更すること（$\varDelta \alpha$）によって市中銀行の信用創造を量的に調整し貨幣供給量に影響（$\varDelta M$）を与えようとするものである。

これは，（8.22）式を法定準備率 α と貨幣供給量 M の変化率との関係で表すと次の（8.24）式のように表される。

$$\varDelta M = -\frac{1}{\alpha + \beta} M \varDelta \alpha \tag{8.24}$$

しかし，市中銀行が設定する預金勘定に対して一定率の準備を要求しても，実際の準備率がそれを超えることは自由であるから，法定準備率の引下げ期に資金供給を拡大させる効果が生ずるとは限らない。この意味でこの支払準備率政策は，事実上は，金融引締め政策時に公定歩合政策を補助する一手段と見なされるものであるといわれている。なぜならば，中央銀行が一方において貸出しを制限しながら，他方において準備率を引き上げる政策を採用するならば，市中銀行の対民間貸出しをそれだけ抑制する効果が強められるからである。

3.4 外国為替市場への介入と不胎化政策

自国に国際収支の大幅な黒字が生じて，外国為替の超過供給が起こっている場合には，そのままでは為替相場は下落することになる。しかし，もし中央銀行がこの為替相場の上昇を防ぐために外国為替市場で外国為替を購入して資産として外国為替を購入すれば，国内金融市場にとってはハイパワード・マネーの追加的供給となるのである。

逆に，国際収支の大幅な赤字が生じて，外国為替の超過需要が生じている場合には，外国為替相場が上昇することになる。この場合には，中央銀行が外国為替の上昇や大きな変動を防ぐために外国為替市場に外国為替供給のかたちで介入することによって，国内の金融市場にとってはハイパワード・マネーの減

154

少となるのである。

このような外国為替市場の変動とその安定化政策のために国内の金融市場において
ハイパワード・マネーの供給量が変動しないように**「不胎化政策」**が採用されるのである[9]。

4. 財政政策と金融政策

4.1 財政政策と金融政策との関係

第5章においてマクロ経済運営における財政政策の役割について，特に景気の変動とその安定化政策としての財政の**ビルトイン・スタビライザー機能**について説明した。しかし，短期的には財政資金の季節的な散布超過と引上げ超過によって民間の流動性ポジションが変動するのは当然である。また，好況期には財政余剰の処理の問題として，不況期には赤字財政支出の財源調達の問題として，それらの手段・方法にかかわらず当然に民間の流動性ポジションに影響を与えることになるのである。この関係から財政政策と金融政策との間には重要な関連があることを考えなければならない。

財政余剰の処理には，2つの方法がある。すなわち，第1は①国債の償還もしくは②国債整理資金への繰入れである。償還される国債を中央銀行が保有している場合は市中の貨幣供給量は不変であるが，それが市中銀行あるいは一般公衆によって保有されている国債の償還の場合は**オープン・マーケット・オペレーション（公開市場操作）**による買いオペの効果と同様に貨幣供給量の増加をともなうことになるために財政資金の引上げ超過と相殺してしまうのである。緊縮財政政策が目的の場合には銀行券発行の減少がともなう政策が必要である。第2は中央銀行における政府預金残高の増加であり，これは銀行券の発行残高を減少させる原因である。

赤字財政の場合には，公債発行または借入金によって賄われなければならな

---

[9]　しかし持続的な国際収支の黒字に対しては，持続的な「不胎化政策」の維持は困難であると考えられる。

い。この公債と政府の借入れを含めて政府の債務一般が国債と呼ばれる。国債が中央銀行によって引き受けられる場合には銀行券の発行残高が増大し，市中で公募されるときにはオープン・マーケットにおける売り操作と同一の効果である。この場合は赤字支出にもかかわらず貨幣供給量の変化は生じないのである。赤字支出が拡張的補正措置としての目的を持っている場合には，中央銀行引受けによる国債発行が最も効果的であり，市中公募は抑制的な政策となるのである。マスグレーブは財政の赤字・黒字が貨幣供給量の増減をともなう場合を "fiscal and pure monetary policy" と呼び，民間における国債保有残高の増減をともなう場合を "fiscal and pure dept policy" と呼んで区別した。補正的効果から考えれば，金融政策と結びついたフィスカル・ポリシーが最も効率的であり，国債の発行ないし償還との結びつきは拡張的ないし抑制的なフィスカル・ポリシーの効果を緩和する傾向がある。

4.2　国債の残存効果

　国債の発行残高の増加は，①国債利子の支払いの問題だけではなく，②国債の残存効果の問題も考えなければならない。①国債利子の支払いは納税者から国債保有者への所得の移転を意味するから，限界消費性向の高い所得層から限界消費性向の低い所得層への移転と考えるならば消費支出の側面からは消費抑制的な効果を持つと考えられる。

　「国債の重荷」（burden of the National debt）の問題は，外債の場合を別にすれば，本質的には国内の所得分配の問題なのである。②国債の残存効果については，次のような諸効果が考えられる。民間の国債保有残高の純増加が生じた場合には，物価が不変の場合には民間の保有する資産の実質価値の増大を意味するから，**「ピグー効果」**によって消費支出を拡張させる傾向がある。しかし，同時に増加した国債を民間に消化させるためには国債価格の低下とそのために利子率の上昇が必要である。このような利子率の上昇は消費と民間投資には抑制的に働くと考えられる。また，市中銀行が国債を担保に中央銀行からの借入れを行うならば企業に対する融資は積極的信用のアベイラビリティは増

大する可能性がある。全体に「国債の残存効果」が投資抑制的であるか否かはミクロ経済学的な分析が必要である。

5. 金融政策の効果

前章で説明した古典派的貨幣数量説の世界では，あるいはマネタリストの立場である新貨幣数量説の世界では，貨幣の中立性，特に銀行信用の不安定性に景気変動の主要因を求めようとする傾向があった。しかし，景気変動は資本主義経済の特に私企業体制のもとにおける資本蓄積過程の必然的な現象であり，景気変動は金融制度と金融政策によって排除できるものではないと考えられる。金融政策の役割はブームとスランプの「行き過ぎ」を抑制するという役割に過ぎないというべきである。

金融政策の有効性は，ケインズ的には①貨幣供給量の変化が利子率，特に長期利子率に影響を与えることである。次に，②利子率の変化に対する投資需要の弾力性がどれだけあるかということを通して民間投資水準に影響することから有効需要へ影響を与えることで効果があると考えられている。

《コールレート》

金融機関が短期金融市場，特にインターバンク市場において短期資金の需給を表すコールを互いに貸借するときの金利をいう。

金融自由化後の市中金利はコールの需給で決められるようになった。

第9章

IS・LM モデルと財政金融政策

1. IS・LM モデル

IS・LM モデルはケインズ的なマクロ経済学を前提にした新古典派経済学の
マクロ・モデルである。このマクロ・モデルは労働市場を従属的な市場と見な
し [1]，価格水準と賃金水準が一定不変という想定のもとで，生産物市場と貨幣
市場，金融市場の 3 市場の相互作用を分析することにより，国民所得水準と
市場利子率の同時決定を説明するという，ワルラス経済学的な意味で新古典派
経済学的な一般均衡体系モデルである。

1.1　生産物市場の均衡条件と IS 曲線

いま，一定期間のフローの額で表される変数として，国民所得水準を Y，可
処分所得を Y_D，消費支出を C，民間投資を I，政府支出を G，租税を T，市
場利子率を r とおくと，生産物市場の均衡条件式は，次のように定義される。

【生産物市場の均衡条件】	$Y = C + I + G$	(9.1)
【消費関数】	$C = C(Y_D),\quad 1 > C_Y > 0$	(9.2)
【可処分所得】	$Y_D = Y - T_0$	(9.3)
【投資関数】	$I = I(r),\quad I_r < 0$	(9.4)
【政府支出の規模】	$G = G_0$	(9.5)

ここで，(9.1) 式は **J. M. ケインズ**の**「有効需要」**を生産物市場の均衡条

---

[1]　3 市場の同時均衡状態が成立すると，その均衡条件から非自発的失業状態の存在を
前提として労働需要量＝雇用量が決定されるという意味で労働市場は従属的である。

件として説明したものである。(9.2) 式は，消費関数であり，消費支出は可処分所得の増加関数である。C_Y は限界消費性向を表しており，その大きさは1より小である。また，(9.3) 式は可処分所得の定義であり，T_0 は一定所与の租税額を表している。(9.4) 式は，投資関数である。投資は市場利子率の減少関数であることを表している。(9.5) 式は政府支出が一定所与であることを表している。

(9.2) 式，(9.3) 式と (9.4) 式，(9.5) 式を (9.1) 式に代入すると，生産物市場の均衡条件は次の式 (8.6) 式のように導出される。

$$Y = C\ (Y-T_0)\ +\ I\ (r)\ +\ G_0 \tag{9.6}$$

この (9.6) 式は国民所得 Y と市場利子率 r とに関して全微分して整理すると，次の (9.7) 式のような関係が得られる。

$$\frac{dr}{dY} = \frac{1-C_Y}{I_r} < 0 \quad \text{as} \quad 0 < C_Y < 1,\ I_r < 0 \tag{9.7}\ [2]$$

消費関数，投資関数，税制，財政等が分析期間においてなんの影響も与えられることはなく一定不変であるという状態を仮定することができるならば，この関係式から，生産物市場について次のような関係を説明することができる。

ある均衡状態を前提にすると，市場利子率 r の上昇（低下）は投資を減少（増加)させるために，国民所得水準は減少(増大)することが説明される。すなわち，IS 曲線は縦軸に利子率を横軸に国民所得をとると，右下がりの関係に描かれることが説明されるのである [3]。

1.1.1　貯蓄と投資の恒等式

民間の貯蓄額 S_p は可処分所得から消費額を引いた残りである。ここで，可処分所得 Y_D は所得 Y から租税額 T を引いた残りとして定義されるから，民間貯蓄は，次の (9.8) 式のように定義される。

---

[2]　(9.6) 式を全微分すると，$dY = C_Y\ (dY-dT)\ +\ I_r d_r\ +\ dG$ である。これを整理すると，(9.7) 式の関係が得られる。

[3]　この IS 曲線の導出については，第3章において説明した。

$$S_P = Y_D - C = Y - T_0 - C \tag{9.8}$$

この (9.8) 式を (9.6) 式に代入すると，次の (9.9) 式が導出される。

$$S_P + T_0 = I + G_0 \tag{9.9}$$

ここで，政府部門の貯蓄 S_G は政府の財政余剰（$= T_0 - G_0$）であることを考慮すると (9.9) 式は次の (9.10) 式のように書きかえることができる。

$$S_P + T_0 - G_0 = S_P + S_G = S = I \tag{9.10}$$

経済全体の貯蓄額 S は民間部門の貯蓄 S_P と政府部門の貯蓄 S_G の和であるから，(9.10) 式は貯蓄と投資の均等式は生産物市場の均衡条件として説明される[4]。すなわち，政府の予算制約条件と家計の予算制約条件を考慮すると，(9.6) 式は経済全体の貯蓄と投資の恒等関係を表しているのである。

1.1.2 投資関数と貯蓄関数

民間投資 I は利子率 r の減少関数として，次の (9.4) 式のように表される。

$$I = I(r), \qquad I_r < 0 \tag{9.4}$$

貯蓄 S は可処分所得 Y_D の増加関数として，次の (9.11) 式のように表される。

$$S = S(Y_D) = S(Y - T_0), \qquad 1 > S_Y > 0 \tag{9.11}$$

したがって，(9.10) 式で導出された生産物市場の恒等関係＝均衡条件は，次の (9.12) 式のように表される。

$$I(r) = S(Y - T_0) \tag{9.12}$$

いま，図 9.1 のように，横軸に国民所得水準をとり，縦軸に市場利子率をとると，生産物市場の均衡条件を表す IS 曲線が右下がりに描かれることは，(9.7) 式からも説明される。

生産物市場が均衡していない場合には，すなわち，経済が IS 曲線上（$I = S$）にない場合は，生産物市場は不均衡状態である[5]。

---

[4] ケインズ経済学ではこの関係式は，本来，生産物市場の均衡条件式ではなく，有効需要の決定を説明する式に対応するものであり，貯蓄と投資の恒等式として説明されるものである。

[5] オリジナルのケインズの「有効需要の理論」においては，経済はワルラス的な意味では「不均衡状態」である。しかしケインズ的な意味での均衡状態にあることが説

投資 I が貯蓄 S を上回っている場合（$I>S$）には，乗数効果によって国民所得水準は上昇（$\dot{Y}>0$）し，投資 I が貯蓄 S を下回っている場合（$I<S$）には逆の乗数効果によって国民所得水準は低下（$\dot{Y}<0$）すると，数量調整を考える新古典派経済学は説明するのである[6]。

図 9.1　生産物市場の均衡条件と IS 曲線

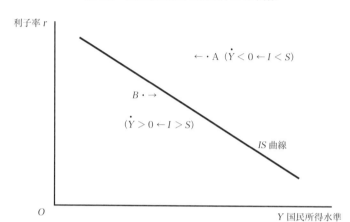

この関係は，次の (9.13) 式のように表される。

$$\dot{Y} = \alpha\ (I - S\ (Y)),\quad \alpha > 0 \tag{9.13}$$

この (9.13) 式を国民所得に関してで微分すると，次のように計算することができる。α は調整係数である。

$$\frac{d\dot{Y}}{dY} = -\alpha\ S_Y < 0 \tag{9.14}$$

国民所得の増加（$dY>0$）は，貯蓄を増加（$S_Y>0$）させ，生産物市場を超過供給に導くために国民所得は減少（$\dot{Y}<0$）することが説明されるのである。

明されているため，この不均衡状態は，ケインズ経済学とは別の意味の不均衡状態を説明していることになるのである。

[6]　ここで，t を時間とすると，Y は国民所得の時間に関する変化率である。この時間は，ジョーン・ロビンソンが『異端の経済学』（日本経済新聞社，1973）において説明するように，論理的時間であっても，歴史的時間ではないことに注意しなければならない。

第9章 *IS・LM* モデルと財政金融政策 *161*

この生産物市場の調整過程については，図9.1では次のように表される。

《生産物市場の安定条件》

IS 曲線は生産物市場の均衡条件を表しており，限界消費性向が1よりも小であることから生産物市場は安定条件を満たしていることが（9.14）式から説明される。

IS 曲線の右上の領域にある *A* 点においては，貯蓄が投資を上回る状態（*S > I*），すなわち，生産物市場において超過供給の状態である。この場合，時間の経過とともに国民所得水準が低下することが説明される。

経済が *B* 点のように *IS* 曲線の左下の領域においては，投資が貯蓄を上回る状態（*S < I*），すなわち生産物市場は超過需要の状態である。この場合，国民所得水準が上昇することが説明される。

《*IS* 曲線の安定条件についての問題点》

序章2において説明したように，新古典派経済学的な市場原理を前提とした生産物市場の安定条件の説明は，「ケインズ経済学」における有効需要の「安定条件」とは別の議論であることに注意しなければならない。なぜならば，ケインズは有効需要決定とその安定条件については企業家の「期待」に基づく主体的均衡として説明しているのであって，決して新古典派経済学的な市場均衡条件から説明することはできないからである。

新古典派経済学的マクロ・モデルにおいては，企業家とは独立した消費者の主体的均衡状態の存在を仮定して，需要供給分析による市場原理を背景とした「在庫調整」モデルとして，その調整過程の「安定条件」を説明している。このような分析においては「ケインズ的均衡」は「ワルラス的均衡」と同一状態であるかのように説明することになり，有効需要の不足によって発生する「非自発的失業」の存在をともなう「ケインズ的マクロ経済均衡」が説明できないことになるのである。

1.2 貨幣市場の均衡条件と *LM* 曲線

M は名目貨幣供給量，P は物価水準を表すとすると，貨幣市場の均衡条件は，貨幣需要量 L と貨幣供給量 $(\dfrac{M}{P})$ が等しいことである。この均衡条件は次の (9.15) 式のように表される。

$$\frac{M}{P} = L\ (Y,\ r) \tag{9.15}$$

L は貨幣の実質残高需要であるが，**「流動性選好の理論」**で説明したように，**予備的動機**と**取引的動機**に基づく貨幣需要の部分 $L_1\ (Y)$ と投機的動機に基づく貨幣需要の部分 $L_2\ (r)$ に分けて考えなければならない。

$$\frac{M}{P} = L_1\ (Y)\ + L_2\ (r) \tag{9.16}$$

【所得動機に基づく貨幣需要】　$L_1 = L_1\ (Y),\ L_{1Y}\ (Y)\ = L_Y > 0$

【投機的動機に基づく貨幣需要】$L_2 = L_2\ (r),\ L_{2r}\ (r)\ = L_r < 0$

ここで，予備的動機に基づく貨幣需要と取引的動機に基づく貨幣需要 L_1 は所得 Y に関して増加関数であり，投機的動機に基づく貨幣需要 L_2 は利子率 r に関して減少関数である。

この (9.16) 式は，貨幣供給量が一定不変のもとで貨幣市場が均衡するためには，国民所得の増加（減少）によって「所得動機に基づく貨幣需要」の増加（減少）する場合は，「投機的動機に基づく貨幣需要」が減少（増加）することが必要であることを示している。

図9.2で表されるように，貨幣市場の均衡条件を表す *LM* 曲線が右上がりであることは，(9.17) 式を全微分して整理することによって説明される[7]。

$$\frac{dr}{dY}\ = - \frac{L_1\ Y}{L_2\ r} > 0 \tag{9.17}$$

---

[7] (9.16) 式を全微分すると，$d\ \dfrac{M}{P} = 0 = L_{1Y}\ (Y)\ dY + L_2 r\ (r)\ dr$ となる。これを整理すると (9.17) 式が導出される。

図9.2 貨幣市場の均衡条件と LM 曲線

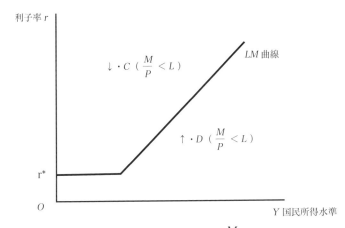

この貨幣市場の均衡条件式は，国内の実質残高 $\frac{M}{P}$ が一定であるという仮定のもとで，右上がりの LM 曲線として表される[8]。

市場利子率が r^* の状態では LM 曲線は水平となる。これは貨幣需要の利子率感度が無限弾力的になる**「ケインズ・トラップ」**あるいは**「流動性のわな」**の状態を示している。すなわち，利子率がこの水準にまで下がると，債券価格は上限に張り付いており，投機的動機に基づく貨幣需要が無限大になることを意味している。

いま，貨幣市場が不均衡状態（$L \neq M$）であり，LM 曲線の外にあった場合について考える。経済が C 点のように LM 曲線の上方にある場合は，貨幣市場は超過供給の状態（$\frac{M}{P} > L$）である。この場合には利子率の低下によって貨幣市場の均衡がやがて回復される。

次に，点 D のように LM 曲線の下方にある場合は，貨幣市場は超過需要の状態（$\frac{M}{P} < L$）である。この場合には利子率の上昇によって貨幣市場の均衡やがて回復される[9]。

---

[8] この LM 曲線の導出については，第 8 章において説明した。
[9] ケインズの有効需要の理論においては，貨幣市場は常に均衡状態にあることが「流動性選好の理論」において説明されている。それ故に，ここでの不均衡状態の分析はケインズ経済学的ではないことに注意しなければならない。

164

この関係は次の（9.18）式のように表される。

$$\dot{r} = \beta \ (L \ (Y, \ r) - \frac{M}{P}), \qquad \beta > 0 \tag{9.18}$$

（9.17）式を利子率 r に関して微分すると，次の（9.19）式の関係が得られる。

$$\frac{d\dot{r}}{dr} = \beta \ L_r < 0 \tag{9.19}$$

《貨幣市場の安定条件》

投機的動機に基づく貨幣需要が利子率に関して減少関数（$Lr < 0$）であることから，利子率の変化に関して負になるので利子率の変化（$dr > 0$）に対応して貨幣需要は調整され，利子率が低下すること（$\dot{r} < 0$）が説明される。すなわち，（9.19）式から貨幣市場は安定条件が満たされることが説明される。

すなわち，LM 曲線の右下の領域においては貨幣市場は超過需要の領域であることからこの領域では市場利子率は次第に上昇すること。また，LM 曲線の左上の領域においては貨幣市場は超過供給の領域であることから，この領域においては市場利子率は次第に低下することが説明される。

1.3　国民所得と利子率の同時均衡

以上の説明から，新古典派経済学によって一般均衡分析的に集大成されたマクロ・モデルは，（9.20）式と（9.21）式の連立方程式体系として説明することができる。

$$I \ (r) = S \ (Y-T) \tag{9.20}$$

$$\frac{M}{P} = L \ (Y, \ r) \tag{9.21}$$

この $IS \cdot LM$ モデルの体系から，均衡所得水準 Y_E と均衡市場利子率 r_E は，政府支出 G と租税額 T の値を所与として，この連立方程式の解として求めることができる。

これは図9.3において IS 曲線と LM 曲線の交点である点 E で表される。こ

の点 E は，生産物市場と貨幣市場を同時に均衡に導く均衡市場利子率 r_E と均衡国民所得 Y_E の組み合わせを示している。また，図9.3の局面 I，局面 II，局面 III，局面 IV のそれぞれは，生産物市場と貨幣市場の不均衡状態の組み合わせを示している。

図 9.3 *IS・LM* 分析

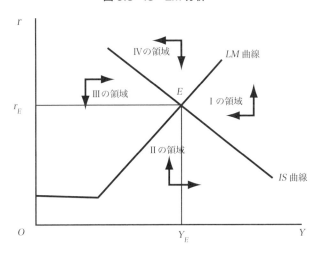

1.3.1 *IS・LM* モデルの解の存在条件

この *IS・LM* モデルによって導出される均衡解が経済的に意味のある均衡解であるための条件を**「解の存在条件」**という。

IS・LM モデルの同時均衡条件が経済学的に意味がある非負解（$Y_E > 0$，$r_E > 0$）を持つための条件は，モデルの性質から容易に説明することができる。すなわち，*IS* 曲線は第1象限内において右下がりの曲線として表され，*LM* 曲線は右上がりの曲線として表されることから，両者は第1象限において必ず1点（Y_E, r_E）において交わることが説明されるのである。

$$I(r_E) = S(Y_E) \tag{9.20-E}$$

$$\frac{M}{P} = L(Y_E, r_E) \tag{9.21-E}$$

$$Y_E \geq 0, \ r_E \geq 0$$

1.4 IS・LM モデルの均衡解の安定条件

1.4.1 解の安定条件と政策の効果

「解の存在条件」によって経済的に意味のある均衡解が存在することが説明されたならば，今度はその均衡解が経済政策によってどのように変化するかを調べることが必要である。そのためには当初の均衡解が経済政策によって新しい均衡解に到達することを証明しなければならない。そのための条件を「解の安定条件」という。

IS・LM モデルの均衡解が安定条件を満たしていることは次のようにして説明される。

所得の調整スピードと利子率の調整スピードとの調和がとれた安定条件を満たしているか否かについては，IS・LM モデルの均衡解を次のような連立微分方程式の解曲線の安定条件として吟味しなければならない。

いま，α を生産物市場の調整係数，β を貨幣市場の調整係数とすると（$\alpha > 0$，$\beta > 0$），次のような連立微分方程式体系として考えることができる。

$$\dot{Y} = \alpha \ [\ I \ (r) \ - \ S \ (Y)], \quad \alpha > 0 \tag{9.22}$$

$$\dot{r} = \beta \ [\ L \ (r, \ Y) \ - \ \frac{M}{P}], \quad \beta > 0 \tag{9.23}$$

ここで，変数の上に付けられた・は時間 t に関する変化率（dx/dt）を表している。この連立微分方程式を Y と r に関して均衡近傍（r_E，Y_E）において1次近似すると，次のような連立方程式体系として表すことができる。

$$\dot{Y} = \alpha \ [- S_Y \ (Y-Y_E) \ + I_r \ (r -r_E)] \tag{9.24}$$

$$\dot{r} = \beta \ [L_Y \ (Y-Y_E) \ + L_r \ (r -r_E)] \tag{9.25}$$

この連立方程式が経済的に意味のある解を持つためには，特性方程式が次の条件を満たすことが必要である。

$$\begin{bmatrix} -S_Y-\lambda & I_r \\ L_Y & L_r-\lambda \end{bmatrix} = 0 \tag{9.26}$$

すなわち，次の式が成立しなければならない。

$$\lambda^2 + \ (S_Y -L_r) \ \lambda - (L_Y I_r + L_r S_Y) = 0 \tag{9.27}$$

第9章 IS・LM モデルと財政金融政策　167

ここで，マクロ諸変数の性質から，次の条件が成り立つことが証明される。

$$\lambda_1 + \lambda_2 = - (S_Y - L_r) < 0$$

$$\lambda_1 \lambda_2 = - (L_Y I_r + L_r S_Y) > 0$$

$$\lambda_1 < 0 , \ \lambda_2 < 0$$

すなわち，IS・LM モデルの均衡は均衡近傍において「第1種の安定条件」を満たすことが証明されるのである。

2.　比較静学分析とマクロ経済政策の効果

2.1　比較静学分析

均衡所得水準 Y_E と均衡市場利子率 r_E の変化は，（9.20–E）式と（9.21–E）式の連立方程式の解が外生変数の変化によってどのように変化するかということによって説明される。いま，両式を全微分して整理すると，次の（9.28）式が導出される。

$$\begin{bmatrix} 1 - C_Y & -I_r \\ L_Y & L_r \end{bmatrix} \begin{bmatrix} dY \\ dr \end{bmatrix} = \begin{bmatrix} dG - C_Y dT \\ dM \end{bmatrix} \tag{9.28}$$

この（9.28）式を解くと，財政金融政策の効果について均衡解の変化として次の（9.29）式のように表すことができる。

$$\begin{bmatrix} dY \\ dr \end{bmatrix} = \begin{bmatrix} 1 - C_Y & -I_r \\ L_Y & L_r \end{bmatrix}^{-1} \begin{bmatrix} dG - C_Y dT \\ dM \end{bmatrix} = \frac{1}{D} \begin{bmatrix} L_r & I_r \\ -L_Y & 1 - C_Y \end{bmatrix} \begin{bmatrix} dG - C_Y dT \\ dM \end{bmatrix} \tag{9.29}$$

ここで，$D = L_r (1 - C_Y) + I_r L_Y < 0$ である。これは先に説明した $\lambda_1 \lambda_2 = - (L_Y I_r + L_r S_Y) > 0$ と同値であり，安定条件を満たしている。

このようにシステムの安定性を前提にして外生変数の変化に対応した均衡解の変化を調べることによって経済の変化を分析する方法を「**比較静学分析**」という[10]。

---

[10]　比較静学分析とは，消費関数や投資関数，貯蓄関数，租税関数等が分析期間を通して安定的であること，それ故に消費者や企業家の経済行動，そして政府の政策行動

2.2 財政政策の効果

財政政策の国民所得と市場利子率に対する効果は,(9.29) 式から次の (9.30.Y.G) 式と (9.30.r.G) 式のように表される。

$$\frac{dY}{dG} = \frac{L_r}{D} > 0 \tag{9.30.Y.G}$$

$$\frac{dr}{dG} = -\frac{L_Y}{D} > 0 \tag{9.30.r.G}$$

この財政政策の効果は,図 9.4 のように説明することができる。財政政策は財政支出の増大によって,生産物市場の均衡条件を表す IS 曲線を IS_0 から IS_1 のように右上方にシフトさせることによって,貨幣市場の均衡条件を表す LM 曲線と IS 曲線との交点を E_0 から E_1 へと右上へ移動させ,有効需要を拡大する政策である。

図 9.4 財政政策の効果

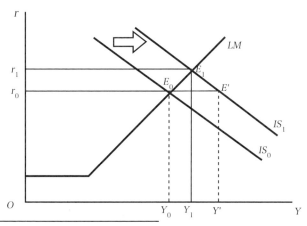

等が変化しないという仮定が満たされている状態のもとでの分析である。それ故にマーシャル的に「他の条件にして等しき限り」という条件が満たされていることを仮定した分析である。このような分析が実践的意味をどれだけ持っているかに付いては疑わしいものがある。これ以後の分析に付いては,このような問題意識のもとで,限られた分析力を十分に意識して,政府の経済政策等の効果について議論するべきである。

その結果，均衡国民所得は Y_0 から Y_1 へ増加し，均衡市場利子率 r_0 から r_1 へと上昇することが図 9.4 から直感的に説明することができる。また，(9.30. Y.G) 式と（9.30.r.G）式から導出することができる。

《クラウディング・アウト》

市場利子率が r_0 の水準で一定不変の場合の財政政策の効果は点 E_0 から点 E' への移動として説明される。しかし政府支出の増大が市場利子率を上昇させ投資資金の一部を「クラウディング・アウト」（押し出し）するために，国民所得の増大が Y_1 Y' の分だけ少なく実現することになる。このような現象を「クラウディング・アウト効果」という。

2.3 租税政策の効果

2.3.1 増税政策

租税政策の国民所得と市場利子率に対する効果は，(9.29) 式から (9.31.Y.T) 式と（9.31.r.T）式のように表される。

$$\frac{dY}{dT} = -\frac{C_Y L_r}{D} < 0 \qquad (9.31.\text{Y.T})$$

$$\frac{dr}{dT} = \frac{C_Y L_Y}{D} < 0 \qquad (9.31.\text{r.T})$$

この租税政策（$dT > 0$；増税政策）の効果は，図 9.5 のように説明することができる。増税政策は政府貯蓄の増大と可処分所得の減少をもたらすことから生産物市場の需要が減少し IS 曲線は左下方にシフトさせ，LM 曲線との交点は E_0 から E_2 へと左下へ移動する。それ故に均衡国民所得は Y_0 から Y_2 へ減少し，均衡市場利子率 r_0 から r_2 へと下落することが図 9.5 から直感的に説明される。また，(9.31.Y.T) 式と（9.31.r.T）式の結果からも同様に説明される。

2.3.2 減税政策

減税政策の場合は，$dT < 0$, の場合として （9.31.Y.T） 式と （9.31.r.T） 式

図9.5 租税政策の効果

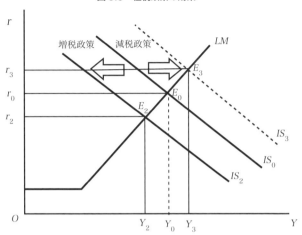

にそれぞれマイナスをつけることによって説明することができる。

減税政策（$dT < 0$）は政府貯蓄の減少と可処分所得の増加をもたらすことから生産物市場の需要を増加させIS曲線を右上方にシフトさせる。LM曲線との交点はE_0からE_3へと右上へ移動する。それ故に均衡国民所得はY_0からY_3へ増加し，均衡市場利子率r_0からr_3へと上昇することが説明される。

2.4 均衡財政政策の効果

均衡財政政策（$dG = dT$）の国民所得と市場利子率に対する効果は，上で説明した財政政策の効果と租税政策の効果を同時に行った場合の政策効果として説明される。これは（9.29）式から次の（9.32.Y.T）式と（9.32.r.T）式のように表される。

$$\frac{dY}{dG} = \frac{L_r}{D} - \frac{C_Y L_r}{D} = (1-C_Y)\frac{L_r}{D} > 0 \qquad (9.32.\text{Y.T})$$

$$\frac{dr}{dG} = -\frac{L_Y}{D} + \frac{C_Y L_Y}{D} = -(1-C_Y)\frac{L_Y}{D} > 0 \qquad (9.32.\text{r.T})$$

ここで，$D = L_r(1-C_Y) + I_r L_Y < 0$を考慮して，投資関数が利子率に反応しないと仮定すると，すなわち，$I_r = 0$のときは，$dG = dT = dY$となり，「均

衡予算乗数は 1 である」という「均衡予算定理」が (9.33) 式のように導出される。

$$\frac{dY}{dG} = \frac{dY}{dT} = 1 \tag{9.33}$$

2.5　金融政策の効果

金融政策の効果は (9.29) 式から次の (9.34.Y.H) 式と (9.34.r.H) 式のように表される。

$$\frac{dY}{dM} = \frac{I_r}{D} > 0 \tag{9.34.Y.H}$$

$$\frac{dr}{dM} = \frac{1-C_Y}{D} < 0 \tag{9.34.r.H}$$

金融政策の効果は, 金融緩和政策の場合($dM > 0$)と金融引締政策の場合($dM < 0$) について考えなければならない。

2.5.1　金融緩和政策

金融緩和政策は貨幣供給量の増加 ($dM > 0$) によって行われると考えるならば図9.6のように, 貨幣市場の均衡条件を表す LM 曲線を LM_4 曲線のように右方にシフトさせ, IS 曲線との交点は E_0 から E_4 へと右下へ移動する。それ故に均衡国民所得は Y_0 から Y_4 へと増加し, 均衡市場利子率 r_0 から r_4 へと低下することが直感的に説明される。また, (9.34.Y.H) 式と (9.34.r.H) 式の結果から同様に説明される。

2.5.2　金融引締政策

金融引締政策は貨幣供給量の減少 ($dM < 0$) によって行われると考えるならば図9.6の LM 曲線を LM_5 のように左側にシフトさせる。IS 曲線との交点は E_0 から E_5 へと左上方へ移動する。それ故に均衡国民所得は Y_0 から Y_5 へと減少し, 均衡市場利子率 r_0 から r_5 へと上昇する。また, (9.34.Y.H) 式と (9.34.

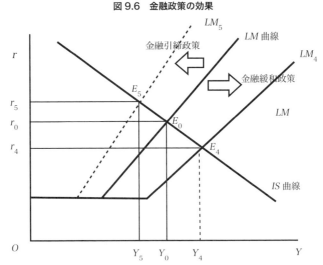

図 9.6　金融政策の効果

金融緩和政策は国民所得を増加させ，市場利子率を低下させる。
金融引締政策は国民所得を減少させ，市場利子率を上昇させる。

r.H) 式にそれぞれマイナスをつけることによって説明することができる。

2.6　財政金融政策の効果と政策効果の遅れ

　以上で説明した財政金融政策などのマクロ経済政策が有効であるためには，それぞれの政策が適切な時期に正しい方法によって速やかに採用されなければならない。しかし，現実の経済運営において経済政策の実施を必要とする事態が発生してから，①政策当局によって経済政策の実施の必要性が認識されるまで，また，②実際にその政策が実施されるまで，そして，③その政策が実施されて政策効果が実際の経済に現れるまでにはかなりの**「遅れ」（ラグ；lag）**が存在する。

　第1の遅れは，**「認知ラグ」**と呼ばれ，政策の実施あるいは変更が必要であるような事態が生じてから，この状態が政策当局によって認識されるまでの遅れである。これは，政策当局の情報収集や判断などにおける遅れであり，政策当局の持つ予想の不確実性の程度にも依存するものである。

第9章 *IS・LM*モデルと財政金融政策　*173*

　第2の遅れは，**「実施ラグ」**と呼ばれ，政策の実施や変更の必要性が認識されてからその政策が実際に実施あるいは変更されるまでの遅れである。この遅れは**金融政策**の場合は相対的に短いと考えられているが，**財政政策**の場合には，予算とその決定は議会による決議が必要であるために，政治過程に依存する不確実な遅れと官僚制度や政策当局による固有の遅れなどがある。

　第3の遅れは，**「効果ラグ」**と呼ばれ，政策が実施あるいは変更されてから実際の経済に効果が現れるまでの遅れである。**財政政策**の場合には総需要に政府が直接影響を与え，**課税政策**の場合には家計の可処分所得を変化させて消費に直接影響を与えたり，民間企業の投資水準に直接影響を与えるので，この遅れは比較的短いと考えられている。金融政策の場合には市場の金利体系に影響を与えて，その金利体系が家計のポートフォリオや民間企業の投資支出に影響を与えるために，金融政策の「効果ラグ」は比較的大きく，その程度は不確実であると考えられている。この「効果ラグ」経済体系の固有の遅れである。

　財政政策と金融政策の効果について，どちらの政策効果の遅れが短いか長いかを一般論として判断するのは容易ではない。経済状態の予測の誤りは政策効果を反対にすることもあり，また，政策効果の「ラグ」に対する政策当局の予測や判断が誤っていれば，政策実施のタイミングを逸することもあるのである。

　また，このような政策の実施を必要としない場合や，あるいは，そのような経済政策の実施は経済状態を不安定化する場合もあるのである。

第10章

ケインズ経済学再入門

　前の第9章において，ケインズ均衡[1]と新古典派経済学が前提とするワルラス均衡とは，均衡の位置もそれが説明する経済状態も異なることが説明された。すなわち，サミュエルソン流のケインジアシ・クロスの説明もヒックス＝ハンセン流の $IS \cdot LM$ モデルによるマクロ経済学均衡もオリジナルのケインズ均衡とは異なるものである。そうであるならばマクロ経済理論の構築とそれから説明されるマクロ経済政策の多くはケインズの『一般理論』におけるオリジナルの議論とは異なったものである。

　このように新古典派経済学的なマクロ経済理論とケインズのオリジナルのマクロ経済理論とが異なった均衡を持つ原因には大きく2つがある。その1つは国民所得を国民経済の費用であるにもかかわらず（付加）価値であると考えたことにあるのである。また，1つは，**「集計の誤謬（パラドックス）」**の考え方に原因があるということができる。

---

[1]　J. M. Keynes, *The General Theory of Employment, Interest and Money*, The Macmillan Press LTD, 1936.（J. M. ケインズ著，塩野谷祐一訳『雇用・利子および貨幣の一般理論』東洋経済新報社，1983年12月）において説明されるマクロ経済均衡という意味で使用している。

1. 「有効需要政策」についての誤解

1.1 持続的な効果を持つ有効需要政策

ケインズの有効需要政策は，単一年度毎の**均衡財政主義**を排除して財政赤字のもとで**景気刺激政策**を採用して景気の低迷を克服し，失業を減少させ，景気の回復を待って，その後政府の増収によって**財政バランス**の回復を実現するというものであった。

この関係を図 10.1 で説明すると，赤字財政政策（ΔG）による総需要曲線の上方シフトによって景気刺激政策が行われ，総需要量は D_1 から D_2 へ増加し，雇用量は N_1 から N_2 へ増加する。政府が赤字財政を続ける限り，このような政策効果は持続するという意味において，有効需要点が E_1 から E_2 へと導かれるのは一時的な効果でしかないのである。このような政策を政府の財政赤字政策によって持続させるならば**インフレ圧力**が続き，やがてその経済においてインフレーションが発生することになるのである。

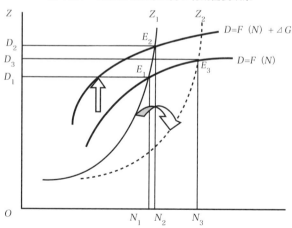

図 10.1 持続的な効果を持つ有効需要政策

有効需要政策は景気刺激については一時的な効果しかない。しかし，外部経済効果をもたらすような公共事業が行われるならば，雇用は長期的に拡大することが説明される。

第10章　ケインズ経済学再入門　*177*

　赤字財政政策による有効需要拡大政策は，社会資本建設などの長期的効果として総供給曲線をZ_1からZ_2のように右下方へシフトさせることが可能であり，これによって，雇用量はN_1からN_3へ増加し，同時に財政バランスの均衡化を実現するとするものであったと理解することができるのである[2]。戦後の日本経済の高度成長は，このようなケインズ的経済政策の効果が外部経済効果として持続的に発揮されたものとして説明できるであろう。

　しかし，先進工業諸国においては特にアメリカの社会においては，ケインズ政策は総需要管理政策として認知される一方で経済全体にとって正の外部経済効果を導くような赤字財政政策だけではなく，結果としての**インフレーション**だけがケインズ政策の副作用として残ったために，**「ケインズ政策＝インフレ政策」**という考え方が定着するようになってしまったのである。

1.2　ケインズ政策はインフレ政策か？

　「ケインズ政策＝インフレ政策」と考えられるようになった原因は，ケインズは経済活動水準の指標として雇用量を変数として選択したにもかかわらず，新古典派経済学者は，その代理変数とし国民所得を採用したことにある。なぜならば国民所得は企業家にとっては付加価値の合計であると同時に，生産費用の合計でもあり，経済全体としては一定の雇用を確保するための要素所得の合計であり，国民の**生活コスト**である。それにもかかわらず経済全体の**生産費用(＝付加価値)**を所得として捉えることによって，その価値を増加させることは経済的に豊かになることであると想定した新古典派経済学的なマクロ経済学の流れとして，経済成長の測定単位を国民所得の増加量として測ることになったことが原因なのである。

　国民所得は国民経済の費用であるという認識を持つことができなかったことにケインズ政策に対する誤解が生じた原因があると考えることができるのである。

---

[2]　長期的に外部経済効果をもたらさないという意味で，「無駄な公共事業」ではこのような長期的効果としての雇用の増加を得ることはできないことは当然である。

178

「市場原理」によって経済は合理的に機能し，資源配分の効率性と所得分配の公平性は自動的に実現すると想定する「古典派経済学」に対する批判として，J. M. ケインズは市場価格の市場調整メカニズムは期待できない，経済活動を管理するために政府の財政金融政策の役割は重要であることを説明して**「有効需要の理論」**と**「有効需要政策」**を提唱したのである。**ケインズ的裁量政策**は，景気の波を解消し，景気安定化政策を図ることであった。

そこで，ケインズは赤字財政政策による政府の負債は好況期に償還することが可能であることを前提とした経済政策論を展開したのである。しかし，歴史的経験としては，ケインズ政策が継続的に実施されたために公債発行は次第に増加し，経済の回復過程においてはインフレーションをともなったために，**大きな政府**がケインズ政策の結果生じたと考えられるようになった。そこで，反ケインジアンとしての**「マネタリスト」**が生まれることになったのである。すなわち，**市場の失敗**を防ぐための政府の役割を重視した**ケインズ政策**を単に**インフレ的赤字財政政策**であると考えるようになったのである。

《ケインズ政策の意義》

政府が本来行うべきマクロ経済政策は，無駄な公共事業は無意味であり，個々の企業にとってはいままでよりも少ない費用でより多くの利潤が獲得されるような経済状態を創出することを目標とした政策運営でなければならない。そのために産業の生産基盤としてのインフラストラクチュア建設・国民の福利施設・公共施設の建設等に多くの生活基盤関連インフラストラクチュア建設のために公共投資が行われてきたのである[3]。

2. 集計の誤謬（パラドックス）

「集計の誤謬（パラドックス）」とは個々人の行動の試みを社会全体について

---

[3] 経済成長とともに有効需要政策の内容は変化する。そのため，政府投資の役割は変化し，社会資本の建設は生産基盤整備から生活関連基盤整備へと移行して来たのである。

第 10 章　ケインズ経済学再入門　*179*

集計すると，個々人にとっての本来の行動目的とは相反した結果が「誤謬（パラドックス）」として生み出されることをいう。この「集計の誤謬」の概念はマクロ経済理論にとって基本的な問題を孕む重要なテーマである。

　この節では，「集計の誤謬（パラドックス）」について考察することによって，ケインズ（J. M. Keynes）が意図したと考えられる本来の「ケインズ的マクロ経済理論」と新古典派経済学的な「マクロ経済理論」の分析方法における差異について考察する。

2.1　マクロ経済理論と集計の誤謬（パラドックス）

　個々の経済主体の所得とは，個々の経済主体が価値を実現するための手段としての生活費用である。経済全体においては経済水準を維持するための費用であり，それ故に，決して価値の総量ではなく経済全体の構成員が日頃経済活動を営むための必要額を意味するのである[4]。

　個々の経済主体の所得増大が経済全体の価値の増大を導かないのは当然であり，それ故にケインズは有効需要水準によって決定される経済活動水準の指標として雇用量を選んだのである。この雇用水準から一定の賃金体系のもとに導かれる国民所得概念とが峻別されずに，マクロ経済理論の主要な変数として議論されること自体に「マクロ経済学のパラドックス」が存在するのである[5]。

2.2　貯蓄のパラドックスの誤解

　ケインズ経済学以前の経済学においては，個々の経済主体は常に倹約を心掛け不時の状態に備え日頃から貯蓄を行うことは美徳であった。また，そのような倹約の結果として貯蓄が増大することは，将来彼の所得を増加させることになるはずであり，それ故に「倹約は美徳である」と一般には考えられていたのである。

---

[4]　物理の理論において「質量一定」（質量保存則）のもとにエントロピーが増加するように，マクロ経済においては，経済社会における価値が一定不変のもとに，経済活動の結果としてのエントロピー（熱）が増大している現象なのである。

[5]　サミュエルソンの説明する「集計の誤謬」とは，生産活動から算出される付加価値の集計量と経済全体において実現される価値とを混同することから生じた問題なのである。

180

しかし，P. A. サミュエルソン & W. D. ノードハウスの『経済学』(P. A. Samuelson & W. D. Nordhaus, *Economics*, Ch. 9, pp.171-172, 1985) においては，「不完全雇用状態で貯蓄性向が強くなることは所得の減少をもたらす」ために，「私的な分別は社会的な愚行であるかもしれない」として，**「集計の誤謬」** の例として **「倹約のパラドックス」** が説明されるのである[6]。

この「倹約のパラドックス」は，一般には，**「貯蓄のパラドックス」** とも呼ばれ，**「消費は美徳」** あるいは **「浪費は美徳」** であるかのように説明される。

しかし，ケインズは要約すると，「貯蓄性向の高い経済は貯蓄性向の低い経済よりも経済活動水準が低い」と説明した。しかし，サミュエルソンは，「貯蓄性向が上昇すると所得水準が低下する」と比較静学分析として説明したのである。この説明から **「浪費は美徳である」** とケインズが説明したように流布されたのである。

しかし，ある経済の一時期の状態における消費性向の一時的変化は，マクロ経済均衡に何の影響も及ぼし得ないのである。しかし，サミュエルソンのような新古典派経済学者が想定するような昨日と今日と明日が同じ状態であるという意味で経済の**定常状態**にある均衡点においては，**消費性向**の定常的変化は定常状態で説明されるマクロ経済均衡に影響を及ぼすことになると考えるのである。これは新古典派経済学の分析方法とケインズの方法の差異から生ずる問題であり，経済政策の前提である現実とは乖離した問題であるということができるのである。すなわち，サミュエルソンは「ある定常状態から別の定常状態に貯蓄性向が変化し上昇するならば，所得水準は以前の定常状態よりも低下した状態になるであろう」と説明すべきであったのである。

ケインズは **「浪費は美徳である」** と説いたのではなく，「浪費的な経済と節約的な経済では，他の条件にして等しき限り，浪費的な経済の方が有効需要の水準が高いであろう」と説明したのである。

---

[6]　個々の人それぞれにとって好ましいことが，そうである故に常に全体にとって好ましいことであるとはかぎらない。ある状態のもとでは，私的な分析は社会的な愚行であるかもしれないのだ」(P. A. サミュエルソン & W. D. ノードハウス著『経済学』第 13 章)。

《比較静学分析による説明》

この「倹約のパラドックス」は，簡単なマクロ・モデルによる比較静学分析の応用例として下記のように説明される。

いま，S を貯蓄額，Y を国民所得水準，I を投資額，α を貯蓄パラメーターとする。貯蓄 S は国民所得 Y の増加関数，貯蓄パラメーター α の増加関数とし，投資水準 I は一定不変であるとすると，貯蓄投資の均衡条件式は次の（10.1）式のように表される。

$$S(Y, \alpha) = I, \quad S_Y > 0, \quad S_\alpha > 0 \tag{10.1}$$

ここで，貯蓄パラメーター α が変化してこの経済の貯蓄性向が上昇したとすると，その国民所得水準への影響は，（10.1）式をパラメーター α について微分することによって国民所得水準への効果として次の（10.2）式のように説明することができる。

$$\frac{dY}{d\alpha} = -\frac{S_\alpha}{S_Y} < 0 \tag{10.2}$$

すなわち，「他の条件にして等しき限り」，貯蓄性向についてのパラメーターの上昇によって（$d\alpha > 0$），国民所得水準が減少すること（$dY < 0$）が説明されるのである。

図10.2のように，横軸に国民所得 Y を，縦軸に貯蓄 S・投資 I の大きさをとると，利子率が一定不変のもとでは投資水準は所与であるから投資曲線は横軸に平行に描かれ，貯蓄曲線は所得の増加関数として右上がりに描かれる。この投資曲線と貯蓄曲線の交点においてマクロ経済の均衡点が説明されるのである。

いま，経済全体の貯蓄性向の増大によって貯蓄曲線が S 曲線から S' 曲線へと上方にシフトするとき，投資曲線の位置が I_0 の位置で一定不変である場合には，マクロ経済の均衡点は点 E_0 から点 E_1 へと投資曲線上を左に移動し，国民所得を Y_0 から Y_1 へと減少させるのである。

このように「倹約のパラドックス」は，貯蓄性向が高くなることによって消費性向が弱くなり，その結果として有効需要とそれ故に雇用量が減少し，国民所得の減少を引き起こすことであると説明するのである。

図 10.2 貯蓄のパラドックス

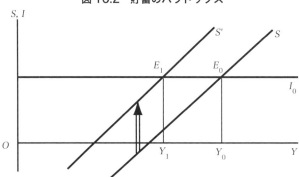

このことは，有効需要の理論を説明する図 10.3 の総需要曲線 D が D' にシフトすることによって雇用量が N_0 から N_1 に減少することからも説明することができる。ここで，図 10.3 において，縦軸は集計的需要額 D と集計的供給額 Z であり，横軸は雇用量 N である。

いま Z を総供給額（集計的供給額），N を雇用量，ϕ を関数とすると，集計的供給関数は，次の (10.3) 式のように定義され，図 10.3 において右上がりの逓増的な供給曲線として描かれる[7]。

$$Z = \phi\,(N) > 0, \quad \phi_N(N) > 0, \quad \phi_{NN}(N) > 0 \qquad (10.3)$$

また，D を総需要額（集計的需要額），f を関数とすると，集計的需要関数は，次の (10.4) 式のように定義され，図 10.3 において右上がりの傾きが次第に緩やかになる需要曲線として描かれる。

$$D = f\,(N, \beta) > 0, \quad f_N(N) > 0, \quad f_{NN}(N) < 0 \qquad (10.4)$$

ここで β は消費性向についてのパラメーターであり，$f_\beta = \dfrac{\partial D}{\partial \beta} > 0$ であると仮定する。

有効需要の大きさは，この集計的供給関数と集計的需要関数の交点における集計的需要の値 D_E として定義される。

$$D_E = f\,(N_E; \beta) = \phi\,(N_E) \qquad (10.5)$$

---

[7] 図 10.3 は，有効需要の大きさと雇用量の関係を表した図であり，$Z = PQ/W$ によって定義される。

第10章 ケインズ経済学再入門　*183*

図10.3　倹約のパラドックスは生じない

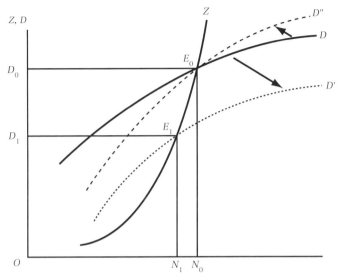

限界消費性向・限界貯蓄性向の変化によってでは経済は均衡点 E にとどまるため，倹約のパラドックスは生じない。

　ここで，消費性向についてのパラメーター β が変化して（貯蓄パラメーター α の変化と逆の動きをする），経済の消費性向が低下（貯蓄性向が上昇）したとすると，その国民所得水準への影響は，(10.5) 式をパラメーター β について微分することによって N への効果として説明することができる。

　すなわち，$f_N \dfrac{\partial N_E}{\partial \beta} + f_\beta = \phi_N \dfrac{\partial N_E}{\partial \beta}$ より，

$$\frac{\partial N_E}{\partial \beta} = -\frac{f\beta}{f_N - \phi_N} \geq 0 \quad \text{as} \quad f_\beta \geq 0 \tag{10.6}$$

であるから，消費性向の低下（$d\beta < 0$；貯蓄性向の上昇，$d\alpha > 0$），によって，雇用量が減少すること（$dN \leq 0$）が説明されるのである[8]。

---

[8]　ここで，$f_N - \phi_N < 0$ であることは，(10.4) 式の集計的需要関数と (10.3) 式の集計的供給関数の定義から導出される。

184

以上のような説明から，「倹約のパラドックス」とは，個々人にとっての本来の目的とした倹約による所得の増加とは逆の所得の減少といった結果がもたらされることであるとサミュエルソン＝ノードハウスは『経済学』において説明するのである。それ故に，「倹約のパラドックス」は「貯蓄のパラドックス」として，あたかも，ケインズ経済学においては「倹約は美徳ではなく」，「消費は美徳である」かのように説明されるのである。

2.3　豊穣の中の貧困 ──「倹約は美徳」か「消費は美徳」か ──

サミュエルソンの「倹約のパラドックス」に対応するのは，ケインズの『一般理論』第3章「有効需要の原理」2節の文中「豊穣の中の貧困」（ケインズ『一般理論』，p.30）の次のような説明である。

「社会が豊かになればなるほど，現実の生産と潜在的な生産との間の差はますます拡大する傾向にあり，したがって経済体系の欠陥はますます明白かつ深刻なものとなる。なぜなら，貧しい社会はその産出量のきわめて大きな割合を消費する傾向にあり，したがって完全雇用の状態を実現するにはごくわずかな程度の投資で十分であるが，他方，豊かな社会は，その社会の豊かな人々の貯蓄性向がその社会の貧しい人々の雇用と両立するためには，いっそう豊富な投資機会を発見しなければならないからである。潜在的に豊かな社会において投資誘因が弱い場合には，その潜在的な富にもかかわらず，有効需要の原理の作用によって社会は現実の産出量の減少を余儀なくされ，ついには，その潜在的な富にもかかわらず社会はきわめて貧しくなり，消費を超える余剰は投資誘因の弱さに対応するところまで減少することになる」（ケインズ『一般理論』，pp.30-31）のである。

ケインズにおいては，豊かな社会において生ずる有効需要の不足の原因は，過小消費と過剰貯蓄によるものだけではなく，投資の限界効率と利子率との関係がより重要な要因であるとしている。

すなわち，「豊かな社会においては限界消費性向が弱いばかりではなく，すでに資本の蓄積が大きくなっているために，利子率が十分に速い速度で低下し

ないかぎり，いっそう多くの投資を誘発する機会が乏しくなっている」（ケインズ『一般理論』，p.32）のであり，そのことが「豊穣の中の貧困」の主要な要因なのである。

2.4 倹約の美徳と貯蓄

ここで，平均貯蓄性向が高く，それ故に平均消費性向が低い社会を「倹約的な社会」と呼び，平均貯蓄性向が低く，それ故に平均消費性向が高い社会を「非倹約的な社会」と呼ぶことができるとすると，「非倹約的な社会」は，「倹約的な社会」よりも，有効需要水準が高くなる可能性が強いということになるのであろうか[9]。

しかし，ケインズは，『一般理論』の第9章「消費性向（Ⅱ）主観的要因」の2節において，投資と，それ故に貯蓄の決定において，「資本の限界効率を考慮した上で，利子率がどの程度投資に対して有利であるかに依存する」（ケインズ『一般理論』，p.112）のであり，「美徳や悪徳はなんの役割も演じない」（ケインズ『一般理論』，p.111）と結論しているのである。

すなわち，ケインズによると倹約の程度や消費性向・貯蓄性向の強さを決めるものは，社会に存在する富の多さの問題であり，その富を生産に利用するためのより有利な投資機会の存在有無の問題であって，決してその社会が倹約的であるかそうでないかの問題ではないとしているのである[10]。

2.5 貯蓄と投資の恒等式

ケインズ経済学においては貯蓄は投資水準に対応してマクロ経済均衡において投資の大きさと等しく決定されるために，貯蓄と投資は常に恒等的に等しい

---

[9]　もしそうであるならば，ケインズの「豊穣の中の貧困」というパラドックスは「倹約のパラドックス」として成立し，国民が倹約的で貯蓄性向が高い経済よりも，国民の消費性向が高い非倹約的な経済の方が，有効需要水準が高く非自発的失業が少ない可能性があるという意味でケインズは「消費美徳説」を提唱したという根拠とされるのである。

[10]　この意味では社会が倹約的であるか否かは経済の結果であり原因ではないということになるのである。

と説明される。それ故に貯蓄水準が高い経済は投資水準が高く有効需要が大きくなり雇用水準が高くなるのである。そして、「消費の短期的変化は主として稼得される所得の規模の変化に依存し、一定所得のもとでの消費性向の変化に依存するものではない」（ケインズ『一般理論』, p.110）という結論が導かれるのである。それ故に、限界貯蓄性向の変化は現行の短期均衡点を変化させないことは明白である。

このことは、図 10.3 において消費性向の変化によって総需要曲線の傾きが D 曲線から D'' 曲線に変化する場合に有効需要点 E に影響を与えないことからも明白である。

短期マクロ均衡において消費曲線が D 曲線から D' 曲線へ移動することや、あるいは、図 10.2 において貯蓄曲線が S 曲線から S' 曲線へ移動するような貯蓄額の増加・消費額の減少は基礎消費の減少によって引き起こされることを意味するものであり、貯蓄性向や消費性向の変化とは無関係であることが理解されなければならないのである。すなわち、短期均衡状態において現在達成されている一定の貯蓄額のもとでの限界消費性向・限界貯蓄性向が変化するのは基礎消費の変化をともなう場合である。

短期均衡状態のもとでは、すべてのパラメーターは一定不変である。すなわち、貯蓄率とそれ故に貯蓄額は変化しない状態である。このような均衡状態のもとでパラメーターが変化するのは外生変数の変化に起因するものである。すなわち、政治的・社会的要因のような国内の経済外的要因か、あるいは、貿易相手国の不況や経済的変化などによって、貿易量や交易条件に大きな変化が生ずる場合などのように対外経済との関係の変化によって生ずる要因などである。

以上の説明から、ケインズの有効需要の理論においては「倹約のパラドックス」の議論は存在しないこと。それ故に、サミュエルソンの「倹約のパラドックス」の議論はケインズ経済学とは別の体系に属するものであり、それ故に「倹約のパラドックス」を説明する「集計の誤謬」概念についての説明には再検討が必要なことが説明されるのである[11]。

---

[11] ケインズの「豊穣の中の貧困」を「倹約のパラドックス」の意味で説明するために、

2.6 比較静学分析の問題

　サミュエルソンが説明しようとした「倹約のパラドックス」は，ケインズにしたがうならば，以上で説明したように，「いま，貯蓄性向が上昇するならば」という問題提議ではなく，本来は，もし「貯蓄性向が高い経済ならば」という議論として設定されるべきものであると考えられる。

　「倹約のパラドックス」が現実的な問題として考察されるためには，倹約の結果として，貯蓄額の増加が，①どのような要因によって，②どのような状況のもとで，引き起こされるのかが考慮されなければならない。これは，「比較静学分析」においてしばしば一定不変と仮定される「他の条件にして等しき限り」の諸要因の部分について十分に考察されなければそれぞれの結論が導出できないということである。そこには資本の限界効率（投資の限界効率）と利子率との関係，投資水準と貯蓄性向との関係についての分析が必要なのである。それ故に，この「集計の誤謬」の問題は「比較静学分析」の取り扱いに関する重要な問題を提議するものである。

　「比較静学分析」の問題とは，他の条件にして等しき限り，ある特定のパラメーターの値を独立的に操作することが可能であるとする場合に生ずる問題である。なぜならば，特定の経済状態についての分析は，同一モデルの中でパラメーターの値の組み合わせから決定される内生変数の値の問題であり，ある特定の1つのパラメーター値を独立的に操作することによって内生変数の値の組み合わせが変化すると考えることは不可能であるからである。

2.7 短期均衡における貯蓄額増加の要因

　貯蓄性向の決定要因は消費性向の決定要因と同様の要因によって説明されな

　貯蓄性向が高い経済と貯蓄性向が低い経済とを比較するならば，「他の条件にして等しき限り」，貯蓄性向の高い経済の方が貯蓄性向の低い経済よりも有効需要が低くなる傾向が強く，それ故に，所得水準が低い可能性が強いということである。サミュエルソンの「いま，貯蓄性向が上昇し貯蓄額が増大するならば」という議論が成立するためには，「貯蓄性向が上昇する要因」として他のマクロ経済変数との関係を説明しなければ「倹約のパラドックス」の結論を導出できないのである。

けれ␣ばならない。それ故に，貯蓄額が増加する要因は消費性向の決定要因の中に見いださなければならないのである。

ケインズは消費性向に影響を及ぼす主要な要因を，①客観的要因と②主観的要因とに区別している。

《客観的要因》消費性向を決定する客観的要因として，次の6つの要因が挙げられている。①賃金単位の変化，②所得と純所得との間の差異の変化，③純所得と計算において考慮に入れられない資本価値の意外の変化，④時差割引率（時間選好率），⑤財政政策の変化，⑥現在の所得水準と将来の所得水準との間の関係についての「期待」の変化

《主観的要因》消費性向を決定する主観的要因として，消費動機と消費支出を控える動機とを区別している。

消費支出を控える動機としては，ケインズは①用心，②深慮，③打算，④向上，⑤独立，⑥企業，⑦自尊，⑧貪欲の8つの要因を挙げている[12]。また，消費動機としては，①享楽，②浅慮，③寛大，④誤算，⑤虚飾，⑥浪費の6つの要因を挙げている。

消費性向に影響を及ぼすこれらの客観的要因と主観的要因が変化するときに消費性向と貯蓄性向は変化することになるのである。しかし，「消費の短期的変化は主として稼得される所得の規模の変化に依存し，一定所得のもとでの消費性向の変化に依存するものではない」（ケインズ『一般理論』，p.110）という結論から，限界貯蓄性向の変化は現行の短期均衡点を変化させないことは明白であり，「いま，貯蓄が増加すると」という，サミュエルソンの「倹約のパラドッ

---

[12]　消費支出を控える動機としての8つの要因の意味は次のようなものである。
　①用心；不測の偶発事に備えて準備をしようとする
　②深慮；老後，家族の教育，または扶養家族の維持のために備えようとする
　③打算；利子および元本の価値騰貴を享受しようとする
　④向上；支出の逓増を享受しようとする
　⑤独立；独立の意識と実行力を享受しようとする
　⑥企業；投機的または経営的計画を実行するための運用資金を確保する
　⑦自尊；財産を遺贈しようとする
　⑧貪欲；純粋の吝しょく

クス」の問題提議は本来成立しないのである。

　以上の議論から「倹約のパラドックス」は短期における「比較静学分析」それ自体の問題として議論されるべきものなのである。

終　章

日本経済の歴史とマクロ経済

　本書は「マクロ経済学 ── ケインズ経済学としてのマクロ経済学 ──」と題して，ケインズ経済学と新古典派経済学的な「現代マクロ経済学」との関係について説明した。しかし，このような議論を行うためには，常にそれぞれの時代に対応して，その経済における「実際」を理解しておくことが必要である。

　終章として，マクロ経済学分析を行うための基礎的知識として，日本の（マクロ）経済の歴史について概観する。

1.　戦前の日本経済

　1920年代の日本経済は，次のようなシステムであったようだ[1]。

　「企業の外部資金は株式市場で調達されていた。株主は強力で，高い配当を要求した。それ故に経営者は，短期的利益を追い求めた。経営役員の多くは社内から選ばれず，外部の者であった。熾烈な企業買収があり，経営者は利益をあげなければ即刻地位を奪われる可能性があった。戦後のような株式持合はなかった」。そして，「労働市場では採用・解雇が頻繁であり，従業員の転職率も高い。貯蓄率は低く，消費が国内生産の80％と大きな部分を占めていた」。また，「政府の規制は少なく，官僚が経済に直接的な影響力を行使することはな

---

[1]　この節の内容は，リチャード・A・ベルナー『円の支配者』p.38-39 の内容を要約的にまとめたものである。

かった。官僚は政治家にいわれたとおりに行動しなければならない。政策課題については激しい論争があり，国民は政治に強い関心を持っていた」[2]。

戦前の日本経済は，ある意味で，今日の日本経済が目指しているグローバリズムのもとでの成立すべき資本主義経済そのものであったようである。

2. 戦後の日本経済

以上で見たように，戦前の日本経済においては，財閥家族である個人が，持ち株会社である財閥本社の株式を保有し，その財閥本社が傘下の銀行や事業会社の株式を保有していた。また，非財閥系の企業の株式も大株主である個人投資家が所有する例が多く存在した。

1945年の**財閥解体**によって，財閥家族は所有の株式を没収され，企業の役員になることも禁じられ，その株は一般に放出された。その後，企業の乗っ取りを防ぐために，そして安定株主工作のために，法人間で株式の持合が行われるようになり，メインバンクを中心として**「財閥の復活」＝「企業集団の再編成」**となった[3]。これが戦後の日本経済の特徴的な株式所有形態となったのである。

株式の持合には，親会社と子会社との関係のような「株式の一方的所有」と旧財閥系の6大企業集団の**「株式の相互持合」**とがある。また，持合の形態についてはA社がB社の株式を持ち，B社がA社の株式を持つという**「直接的持合」**とA社がB社の株式を持ち，B社がC社の株式を持ち，C社がA社の株式を持つという**「間接的持合」**とがある。

1950年代から1960年代にかけて，**株式相互持合**が大規模に進められ，外

---

[2] このような話しから，明治の時代は，今のアメリカよりも資本主義的な経済を構築したと考えることができる。

[3] それぞれの旧財閥系別に社長会が結成され，お互いに株式を持ち合うことによって，取引関係を密接にしていくことが進められた。相互持合によって，社長は相手の会社に対して大株主の立場に立つため，株式の議決権を持ち，社長会は実質的な大株主会となった。商法改正の際に，これはインサイダー取引の規制に抵触すると批判されたために社長会は開かれなくなった。

部から株式を買い占めて会社を乗っ取ることは不可能となった[4]。銀行と事業所の間には**メインバンク関係**が確立し，事業会社間でも長期的継続的な取引関係ができ，外部から新規に取引関係を結ぶことが困難になってきた。個々の上場会社では安定株主が過半数の株式を所有し，かなりのものが相互持合という状態となり，いわゆる**日本型企業システム**が確立したのである。

《株式持合は支配の不公正》

株式会社の原理は，**「資本充実の原則」**[5]のもとで，株主が全員有限責任である[6]。企業が自社株を取得するということは，出資の払い戻しと同様のことであり，**「資本の空洞化」**をもたらすために，商法において禁じられている[7]。

A社とB社が互いに大株主となっている場合には，A社の株主総会において株式の議決権を行使するのはB社の代表権を持った代表取締役社長である。また，逆にB社の株主総会において株式の議決権を行使するのはA社の代表権を持った代表取締役社長である。

実際に出資している残りの個人株主は総会を動かすことができないにもかかわらず，まったく出資していない社長個人は議決権を行使することが可能であるということは支配の不公正である[8]。このようなシステムによって**「所有と経営」**が分離した結果として日本の株式会社は**「経営者支配」**になっていったと考えられる[9]。

「株式の相互持合」によって「支配の不公正」が生ずると，企業間の取引において，**「市場原理」**よりは，資本提携グループ間において取引が拘束される

---

[4] 「乗っ取り」の代わりに1960年代から1980年代に「日本的買占め」が横行することになった。これは株式を買い占め会社側に引き取らせ，その鞘を稼ぐ方法である。「金庫株の解禁」はこの「日本的買占め」を助長することになると考えられる。

[5] 資本金に見合った資産がその会社に存在すること。

[6] 株主には出資した以上の責任はないということである。

[7] 日本の会社は相互に株の持合を行っているために，「資本金は空洞化」していると考えられるのである。

[8] これが「馴れ合い経営」・「もたれ合い経営」の原因であると考えられている。

[9] 会社が自社株を保有する場合は自社株については議決権は無い。

194

ことになる。これは経済全体においては，価格競争・品質競争を阻止することから市場原理を無視した，非効率的な経済システムが構築されてしまう結果となるのである[10]。

しかし，「株式の相互持合」による**「経営者支配」**は外部資本からの支配を排除するという意味において，高度経済成長期の日本企業の強さの原因でもあったのである。

3．バブル発生のシナリオ

日本経済において何故バブルが崩壊したかではなく，何故バブルになったかを考えるべきである。

3.1 株式相互持合の「日本型法人資本主義」の問題[11]

3.1.1 金融恐慌の経験

1964〜65年にかけて証券恐慌が起こった時期に**株式買上げ機関**が設立され，日本銀行からの特別融資によって大量の株式が買い取られ，政府による株価操作が行われた。その後，株価が反騰したことからこの**凍結株が放出**された。この凍結株の放出が**資本自由化**と連動しており，放出株のほとんどを**銀行や事業会社の法人が取得**し，そのうちのかなりのものが**相互持合**となった。その結果，日本の企業は外国資本に買い占められたり，国内においても会社乗っ取りが起こらなかったのである。このような経過もあって，日本経済において株の持合が急激に進展したのである。

---

[10] 社会主義経済は資本の役割を否定したのではなく，資本の個人所有を否定して，資本を国家が管理するという経済システムであったということができる。そうであるならば，日本経済のシステムは個人が資本を所有することを否定して，企業間が資本を保有し合うという意味で社会主義的であったということができるのかもしれない。

[11] 奥村宏著『株式相互持合をどうするか』岩波ブックレット No,534, 2001年4月参照。

3.1.2 安定株主工作と高株価経営

時価発行の方法が資金調達に有利なことから，株価を高く維持する**「高株価経営」**のために，**安定株主工作**を行うようになった[12]。それは**「株価操作の禁止」**に違反していた。

1970年代には大量の時価発行が行われ，また，**「転換社債」**や1980年代になると**「ワラント債」**（新株引受け権付き社債）を発行するようになった[13]。日本の大企業はこれらの**「エクイティ・ファイナンス」**によって70兆円以上の資金を調達し，それで土地や株を買うこととなった。このファイナンスのシステムが日本経済をバブル経済に導いた正体なのである[14]。

3.2　円高傾向信仰

戦後の輸出主導型の経済発展を背景として，日本は海外に巨額のドル資金を持つようになった。また，下記の表で表されるように，戦後持続的に生じた円

為替相場の推移

西暦	円／ドル	西暦	円／ドル	西暦	円／ドル

外国為替相場　東京市場・12月　中心相場月平均

西暦	円／ドル	西暦	円／ドル	西暦	円／ドル
1971 年	356.00	1981 年	220.25	1991 年	125.25
1972 年	303.00	1982 年	235.30	1992 年	124.65
1973 年	280.00	1983 年	232.00	1993 年	111.89
1974 年	300.95	1984 年	251.58	1994 年	99.83
1975 年	305.15	1985 年	200.60	1995 年	102.91
1976 年	293.00	1986 年	160.10	1996 年	115.98
1977 年	240.00	1987 年	122.00	1997 年	129.92
1978 年	195.10	1988 年	125.90	1998 年	115.20
1979 年	239.90	1989 年	143.40	1999 年	102.08
1980 年	203.60	1990 年	135.40	2000 年	114.90
				2001 年	131.47

（出所：日本銀行）

---

[12]　この安定株主の存在によって，日本の株主は配当や利益というファンダメンタルズからは独立に株価を調整することが可能であったのである。

[13]　株価が高いほど，発行会社にとっても投資家にとっても有利になるという意味で，時価発行増資と同じである。

[14]　その資金の多くは，将来の円高を期待した海外からの借入れであったと考えられる。

高を背景に日本人の間に「円高傾向」・「円高期待」という「信仰」が産まれ，この「信仰」を背景として海外からの借入れが増大した。これは，海外からドル建て資金を借り入れる方が低コストであり，将来の円高メリットの利益（ドル建ての借入金が円建てで減少する効果）も期待できたから生じた歴史的必然でもあったのである。

それは，国内に十分な資金があるにもかかわらず，国内金融の諸問題（高金利・金融機関の貸出条件等）を背景として海外から資金を借り入れることになったのである。これが日本経済のバブルを加速したのである。

3.3 バブル崩壊のシナリオ

3.3.1 会計基準の変化

日本の法人が所有している土地や株式は，**「取得原価法」**によって貸借対照表に計上されている。すなわちそれを購入した時点での価格を計上しているのである。これに対して，**「低価法」**というのは，取得時点か時価のいずれか低い方で評価する方法である。株価が上昇している限り，「取得原価法」でも「低価法」でも**「含み益」**あるいは**「含み資産」**[15]が発生する[16]。

1990 年代の「バブル崩壊」以前においては，土地や 70 年代以降の株価は上昇する一方であったため，銀行や企業は膨大な**「含み益」**を持っていた。この**「含み資産」**を利用して**「益出し決算」**[17]を行うことが可能であることが，新規投資・新規市場開発等のリスクに対する日本企業の国際競争力の強さの原

---

[15]　1 株 100 円で 1 億株取得した場合を考える。取得原価は 100 億円である。数年後に 1,000 円に上昇しているとするならば，時価 1,000 億円であるから，含み資産は 900 億円である。

[16]　しかし，株価が一般的に下落する場合は「取得原価法」の場合は，「含み損」が発生しているが，「低価法」では評価損を計上しなければならなくなる。

[17]　本業や他の投資によって損失が発生した場合に「含み資産」を使って赤字を消すことを「益出し決算」という。先の例で，時価 1,000 億円の株式を売り翌日買い戻すことによって，含み益 900 億円が売買益となり，損益計算書の利益はゼロとなるので，法人税は払わないですむ，貸借対照表においては所有株式が 100 億円から 1,000 億円と増加している。

因の1つでもあった。また，日本の銀行はこの**「益出し決算」**によって**不良債権を処理**してきたのであった[18]。

　銀行は低価法によって評価していたが，株価の下落によって評価損が出てくるために，決算ができないということから，**1998年3月からは「原価法」**に変えられた。

　1998年には国際会計基準（IAS）の主要項目が完成し，日本においては，1999年1月から企業会計審議会が金融商品への時価会計導入の方針を決定した。その後，**連結決済，キャッシュ・フロー，年金会計**の導入などが決定された。国際会計基準の統一によって，企業が一時的に投資のために所有している株式については，2001年3月期決算から，持ち合い株については，2002年3月期から時価で評価しなければならないことになった。しかし，企業が持っている子会社や関係会社の株式についてはこれまで通り取得原価で評価してよいことになっている。

　銀行はこの「益出し決算」を行ってきたために，所有株式の帳簿価格が上昇して**「含み損」**が発生することになった。

3.3.2　BIS 規制による追い討ち

　銀行は不良債権の処理のために株を売ることにした。初めの時点では**「益出し決算」**であった。しかし，それによって帳簿価格が上昇し，「含み資産」が**「含み損」**になっていった。やがて銀行は株を売り切り，買い戻さなくなって行った。1992年の株の大暴落によって，銀行株が大幅に暴落して信用不安が生じた。

　1988年に，国際決済銀行によって決定された，**BIS 規制**によって追い討ちを掛けられる格好となった。国際業務を行っている銀行は**自己資本比率を8％**以上に保たなければならないという取り決めである。

---

[18]　これは『錬金術』であり，ディスクロージャー（情報公開）の原則に違反するし，国際的には「含み資産」依存型の会計・経営は異様であるという批判が起こった。

$$自己資本比率 = \frac{資本金 + 利益準備金}{貸出 + 債権投資}$$

この対策として日本の銀行は「含み益」を自己資本にいれることを考えた。交渉の結果，「含み益」の45％分を自己資本（利益準備金）に入れることが承認され，1993年3月以降の決算から始まった**BIS 規制**に日本の銀行はすべて合格することができた[19]。

しかし，その後の**金融危機**と長期不況，**株式相互持合崩れ**によって株価は下落し続け，銀行は貸出しを制限するようになった。いわゆる**「貸し渋り」**である。これによって企業倒産が生じ，不況をさらに深刻化することとなり，株価はさらに低下することとなったのである。

3.4　バブル経済

バブル経済とは，実物経済のファンダメンタルとは無関係に，消費財・投資財価格などの一般物価水準は上昇しないままで，土地と株が経済の実態から乖離して上昇したことをいう。すなわち，バブルとは**資産インフレ**である。資産効果によって消費は増加するが，実物経済には**ボトル・ネック**などの問題が発生していないために一般物価水準の上昇は生じないのである。

1970年代半ばから上昇し始めた日本の株価は1989年12月末には日経平均38,915円という最高値を付けた。しかし，翌1990年1月4日の初立会いから暴落を始め，1992年4月には15,000円を割って，高値から60％以上も下落した。株価の暴落から1年遅れて，地価も暴落し始め，「バブル崩壊」が起こった。このバブル崩壊によって**「持合崩れ」**が生じたのである。

日本において上場企業の株式のうち個人投資家が所有しているのは20％強であり，60％以上を銀行と法人（事業会社）が所有している。その法人所有のうちのかなりの部分が相互持合になっていたのである。銀行は不良債権処理の

---

[19]　この結果，自己資本比率が株価の変動に依存することとなり，株式市場の不振が株価を下落させ，貸し渋りの発生と低下した株を売るという矛盾したシステムが定着することとなった。

ために持合株を売り，株価が下がるとさらなる株価の下落を恐れてさらに持合株を売ることによって株価はさらに低下した。このようにして持合解消売りが促進されたのである。

《参考文献》

①野口悠紀雄『1940年体制 —— さらば戦時経済』，東洋経済新報社，1995年5月。

② Schumacher, E. F., *Small is Beautiful-A Study of Economics as if People Matterd*, 1973.（E. F. シューマッハ著，小島慶三・酒井懋訳『スモール・イズ・ビューティフル』講談社学術文庫。）

③奥村宏『株式相互持合をどうするか』岩波ブックレット，No.534.

索　　引

（あ行）

赤字主体　　107
アダム・スミス　　91
新しい全国総合開発計画　　94
アニマル・スピリット　　89
安定株主工作　　195
一般均的交換手段　　103
移転支出　　44
意図しない在庫　　47
インフレ圧力　　176
インフレーション　　125, 177
インフレギャップ　　48
インフレ政策　　177
インフレ的赤字財政政策　　178
インフレ率期待　　130
売りオペレーション　　115
益出し決算　　196, 197
エクイティ・ファイナンス　　195
M1　　106
M2　　106
M3　　106
大きな政府　　178
オープン・マーケット・オペレーション
　　154
遅れ　　172

（か行）

買いオペレーション　　151
外部金融　　107
外部経済効果　　91
外部経済性　　iii
価格調整メカニズム　　iii
確信　　50
貸し渋り　　198
可処分所得　　44
課税政策　　173

価値尺度機能　　105
価値保蔵機能　　105
株価操作の禁止　　195
株式　　109
株式買上げ機関　　194
株式相互持合崩れ　　198
株式の相互持合　　192
貨幣　　103
貨幣価値の持続的な下落　　119
貨幣経済の安定性　　120
貨幣乗数　　146, 148
貨幣数量説　　111
貨幣的金融仲介機関　　108
貨幣的交換経済　　104
貨幣の購買力　　112
貨幣の中立性　　111, 117, 118
貨幣ベール観　　117, 118
間接金融　　108
間接的持合　　192
企業家の過去の経験　　12
企業家の期待と思惑　　12
企業集団の再編成　　192
基礎消費額　　41
期待によって調整されたフィリップス・
　　　　カーブ　　131
機能財政　　99
義務教育　　93
キャッシュ・フロー　　197
キャピタル・ゲイン　　109, 110, 138
究極的貸し手　　107
究極的借り手　　107
狭義の貨幣　　105
狭義の社会的共通資本　　92
銀行　　194
銀行券　　104
均衡財政主義　　176

均衡予算乗数　　97
均衡予算定理　　54
金本位制度　　104
金融緩和的な政策　　151
金融危機　　198
金融恐慌　　18
金融市場　　107
金融手段　　107
金融政策　　173
金融引締め政策　　151
クラウディング・アウト効果　　50
黒字主体　　107
経営者支配　　193, 194
景気後退期のインフレーション　　125
景気刺激政策　　176
経済的共通資本　　92
警察　　92
計算貨幣　　105
計算単位　　105
ケインズ, J. M.　　5, 157, 178
ケインズ・トラップ　　163
ケインズ革命　　1, 118
ケインズ乗数　　52
ケインズ政策　　177, 178
ケインズ的均衡国民所得　　12
ケインズ的均衡雇用量　　12
ケインズ的財政乗数　　49
ケインズ的裁量政策　　178
ケインズの流動性のわな　　139, 141
ケインズ派　　132
原価法　　197
限界消費性向　　41, 42
限界税率　　100
限界貯蓄性向　　43
現金　　135
現金／預金比率　　147
現金準備率　　144
現金通貨　　104
減税政策　　97
ケンブリッジ型の現金残高方程式　　111
倹約のパラドックス　　180
公開市場操作　　150, 154
高株価経営　　195

効果ラグ　　173
交換手段機能　　105
交換方程式　　112
広義の貨幣　　105
公共財　　92
公衆衛生　　92
公定歩合　　151
公定歩合操作　　150, 151
小切手　　104
国債の重荷　　155
国防　　92
個人的利益　　91
コスト・プッシュ・インフレーション　　120, 122
古典派経済学　　1
古典派の二分法　　111, 117, 118
雇用・利子および貨幣の一般理論　　5

（さ行）

財貨・サービス購入　　44
在庫不足　　47
最終的決済手段　　103
財政乗数　　49, 52, 96, 98
財政政策　　173
財政バランス　　176
財閥解体　　192
財閥の復活　　192
サミュエルソンの「45度線の理論」　　45
残存価値　　81
CD　　106
CP　　106
時間選好率　　72
自己資本比率　　197
資産インフレ　　198
資産選択　　110
市場原理　　12, 193
市場支配力インフレーション　　123
市場の失敗　　178
市場の状態　　12
自然失業率　　117
失業を含む均衡　　5

実施ラグ　173
私的財　93
自動伸縮性　102
自発的失業　13
資本自由化　194
資本充実の原則　193
資本の空洞化　193
資本の限界効率　50, 82, 83, 84
社会教育　93
社会資本　91
社会的共通資本　91
社会的心理法則　12
社会的利益　91
社会派型インフレーション　124
尺度　105
集計の誤謬（パラドックス）
　　175, 178, 180
受益者平等化　94
受益者負担原則　94
取得原価法　196
需要構造変化型のインフレーション
　　124
準公共財　93
純粋公共財　92
準通貨　106
準備／預金比率　147
乗数　48
譲渡性定期預金　106
消費性向　180
消費は美徳　180
商品貨幣　103
所得再分配効果　120
所有と経営　193
新貨幣数量説　116
新古典派経済学的マクロ・モデル　49
新古典派総合　v
信用乗数　146
信用創造　144
スカンジナビアン・インフレーション・
　　モデル　124, 125
スクラプ・バリュウー　81
スタグネーション　125
スタグフレーション　125

生活コスト　177
生産費用　177
政府の過誤　118
セー法則　3
絶対多数の絶対幸福　iii
総供給関数　7, 9
相互待合　194
総需要関数　11
相対価格の撹乱的な変化　120
租税乗数　97

（た行）

高い流動性　135
短期フィリップス・カーブ　131
小さな政府　118
中立性　4
超過需要インフレーション　120
長期フィリップス・カーブ
　　132, 133
直接金融　107
直接的持合　192
貯蓄のパラドックス　180
賃金の下方硬直性　3
通貨　105
低価法　196
定期性預金　135
定常状態　180
ディマンド・プル・インフレーション
　　120
デフレギャップ　48
手許現金　143
伝染病の予防　93
転換社債　195
伝染病の予防　93
投機的動機　138
投機的動機に基づく貨幣需要　135,
　　138
凍結株の放出　194
凍結決済　197
当座預金　104
投資　135
投資乗数　49
投資の限界効率　84

特殊法人見直し問題　109
取引的動機　162
取引的動機に基づく貨幣需要　135,
　136
取引動機仮説　136
トレード・オフ関係　129

（な行）

内部金融　107
日本型企業システム　193
ニュメレール　105
認知ラグ　172
年金会計　197

（は行）

ハイパワード・マネー　144, 148
派生的預金　144
ハンセン，A.　99
比較静学分析　167
非貨幣的金融仲介機関　109
非競合性　92
ビグー効果　155
非自発的失業　13, 14
BIS 規制　149, 197, 198
非選択性　92
非排除性　92
費用インフレーション　122
表券貨幣　104
ビルトイン・スタビライザー機能
　154
フィスカル・ポリシー　99
フィッシャー，I.　112
フィッシャーの交換方程式　111
フィリップス，A. W.　126
フィリップス・カーブ　126
フェルプス，E.　130
付加価値　177
不確実性　92
不換紙幣　104
含み益　196
含み資産　196
含み損　197
不胎化政策　154

物々交換経済　104
部門間生産性上昇率格差インフレーション
　124
フリードマン，M.　115, 130, 133
フリーライダーの矛盾　93
不良債権の処理　197
平均消費性向　41
平均貯蓄性向　43
貿易財政乗数　56
法貨　104
豊穣の中の貧困　16
法定準備金制度　144
法定通貨　105
補助貨幣　104
補正財政　99
ボトル・ネック　198
本源的証券　107
本源的預金　144

（ま行）

マーク・アップ・レーシォ　128
マーシャル，A.　113
マーシャル経済学　iii
マイナスの租税　44
摩擦的失業　13, 14
マネー・サプライ　142
マネタリスト　131, 132, 178
メインバンク関係　193
持合崩れ　198

（や行）

夜警国家論　117, 118
有効需要　5, 157
有効需要政策　118, 178
有効需要点　6
有効需要の原理　12
有効需要の不足　15
有効需要の理論　44, 94, 118,
　178
郵政事業の見直し問題　109
輸出財産業の国際競争力低下　120
輸入インフレーション　124
預金準備率　142

索　引　*205*

預金準備率操作　　150
欲望の二重の一致　　105
予備的動機　162
予備的動機に基づく貨幣需要　　135,
　　137

（ら行）

ラーナー, A. P.　　84
ラグ　172
リプシィー, R. G.　　126

流動性　　135
流動性選好　　50
流動性選好の理論　　118, 135, 162
流動性のわな　　163
老人・幼児医療の無料化　　93
浪費は美徳　　180

（わ行）

ワラント債　195
ワルラス経済学　　iii

著者紹介

大矢野栄次（おおやの えいじ）

  1950 年　愛媛県生まれ
  1974 年　中央大学経済学部卒業
  1982 年　東京大学大学院経済学研究科博士課程修了
  1982 年　佐賀大学講師 経済学部
  1983 年　佐賀大学助教授 経済学部
  1994 年　久留米大学教授 経済学部

著書

『ミクロ経済学（三訂版)』五絃舎, 2018 年
『ケインズ経済学の可能性』九州大学出版会, 2001 年
『経済理論と経済政策』同文舘出版, 2000 年
『日本経済と国際経済の考え方』中央経済社, 1998 年
『国際貿易の理論』同文舘出版, 1997 年
『国際経済の考え方』中央経済社, 1996 年
『寓話の中の経済学』同文舘出版, 1990 年
『現代経済学入門』同文舘出版, 1989 年
『安売り卵の経済学』同文舘出版, 1986 年

マクロ経済学 ―ケインズ経済学としてのマクロ経済学―

2002 年 9 月 25 日 初版発行
2007 年 10 月 5 日 初版二刷発行
2009 年 10 月 5 日 初版三刷発行
2019 年 5 月 10 日 第二版発行

著　者　大矢野栄次
発行者　長谷　雅春
発行所　株式会社五絃舎
　　　　〒 173-0025　　東京都板橋区熊野町 46-7-402
　　　　電話・FAX: 03-3957-5587
検印省略　©2019　E. Ohyano
組版：Office Five Strings
印刷：モリモト印刷
Printed in Japan
ISBN978-4-86434-100-4

落丁本・乱丁本はお取替えいたします。
本書より本文および図表の無断転載を禁ず。